Como falar sobre sexualidade com as crianças

LEILIANE ROCHA

Como falar sobre sexualidade com as crianças

astral
cultural

Copyright © Leiliane Rocha 2024

Todos os direitos reservados à Astral Cultural e protegidos pela Lei 9.610, de 19.2.1998. É proibida a reprodução total ou parcial sem a expressa anuência da editora.

Editora Natália Ortega
Editora de arte Tâmizi Ribeiro
Produção editorial Andressa Ciniciato, Brendha Rodrigues e Thais Taldivo
Revisão de texto Letícia Nakamura e Jaqueline Lopes
Design da capa Tâmizi Ribeiro
Foto da autora Danielle Rossi

Dados Internacionais de Catalogação na Publicação (CIP)
Angélica Ilacqua CRB-8/7057

R574c

Rocha, Leiliane
 Como falar sobre sexualidade com as crianças /Bauru - SP :
Astral Cultural, 2024.
 192 p.

ISBN 978-65-5566-481-2

1. Educação sexual para crianças 2. Sexualidade — Educação — Crianças I. Título

23-6925   CDD 649.65

Índice para catálogo sistemático:
1. Educação sexual para crianças

BAURU	SÃO PAULO
Rua Joaquim Anacleto Bueno 1-20	Rua Augusta, 101
Jardim Contorno	Sala 1812, 18º andar
CEP: 17047-281	Consolação
Telefone: (14) 3879-3877	CEP: 01305-000
	Telefone: (11) 3048-2900

E-mail: contato@astralcultural.com.br

Prefácio

Sempre pensei que o termo "educação sexual" fosse um tabu, que seria algum tipo de educação sobre como fazer sexo, e, meu Deus, como eu estava errada! Talvez você tenha o mesmo pensamento que eu tinha ou, talvez, esteja mais à frente e tenha mais informações por já conhecer o trabalho da Leiliane.

Leiliane apareceu na minha *timeline* trazendo luz para o que realmente significa educação sexual e mostrando como ela é importante para a vida de todos, PRINCIPALMENTE para a vida de nossas crianças.

Eu, como mãe de quatro filhos, sou muito grata por ter tido acesso a essa informação desde cedo. Mas, apesar de ser uma profissional da educação infantil, nunca tive contato com esse tipo de conteúdo em escolas ou faculdades, tanto no Brasil quanto nos Estados Unidos, onde resido desde 2005.

Toda a minha base sobre esse assunto veio graças ao bom senso da minha mãe, mas sabemos que só isso não basta. Precisamos estar munidos de informação para educarmos e protegermos nossos filhos, para que possamos dar ferramentas e vocabulários a fim de que eles entendam mais sobre eles mesmos e saibam se proteger ou pedir ajuda quando houver algum perigo.

Com a Leiliane, aprendi que a educação sexual começa desde o ventre. Você sabia disso? Sim, desde quando nosso bebê é uma sementinha já podemos conversar com ele, iniciar nosso vínculo e passar informações. Mas não se preocupe que este livro vai trazer muito mais esclarecimentos sobre esse tópico.

Também aprendi que as curiosidades das crianças sobre o próprio corpo, e que antes me assustavam — como quando as crianças exploram suas partes íntimas —, são naturais. Aprendi a diferenciar essa curiosidade da criança sobre seu corpo do toque inapropriado. Aprendi sobre os diferentes tipos de abusos sexuais — com toques ou não —, que acontecem diariamente nas casas de famílias, como a minha e a sua, e, mais do que isso, aprendi a observar os sinais para proteger meus filhos.

Aprendi dinâmicas lúdicas para fazer com as crianças para que entendam mais sobre seu corpo, sobre limites que elas devem dar a outras pessoas, sobre segredos... Aliás, vocês sabiam que existem segredos bons e segredos ruins? Não? Pois a Leiliane vai explicar tudo neste livro, de uma forma bem fácil e objetiva, que vai mudar o seu pensamento sobre o que realmente significa educação sexual.

Com a Leiliane, aprendi como falar sobre menstruação, sobre mudanças no corpo e, também, aprendi como responder às perguntas que todo adulto treme na base quando escuta: "Mamãe, o que é sexo?" ou "Mamãe, de onde vêm os bebês?". Leiliane traz todas essas informações de uma maneira leve, tranquila, quase óbvia, mas que todos nós não sabemos como lidar, como falar, como explicar.

E o mais importante de tudo é que, com esse conhecimento e aprendizado, educamos a nós mesmos, entendemos mais sobre nossos comportamentos, entendemos sobre nossas experiências e podemos curar muitas feridas para que possamos olhar para frente e, assim, agirmos de forma diferente e saudável.

Sou suspeita para falar, pois sou fã número um da Leiliane e divulgo seu trabalho para todos meus milhões de seguidores, mas tenho certeza de que este é um livro que toda a família deveria ler!

É um livro para dar de presente para toda mulher grávida.

É um livro para dar de presente para toda mãe que for adotar uma criança.

É um livro para todo pai que nunca teve abertura para esse tipo de conversa.

É um livro para a vovó e o vovô lerem, porque o aprendizado nunca acaba.

É um livro obrigatório a todos!

Flávia Calina,
ex-professora de educação infantil,
criadora de conteúdo sobre maternidade
e mãe de quatro filhos.

Sumário

Apresentação   11

1. E criança tem sexualidade?   17
2. O que é educação sexual?   29
3. O desenvolvimento da sexualidade infantil   46
4. Principais dúvidas sobre sexualidade   70
5. Como falar sobre partes íntimas com as crianças?   118
6. Como falar sobre menstruação   129
7. Limite corporal   135
8. Como ensinar a criança a se proteger do abuso sexual   146
9. Erotização infantil   158
10. Educação sexual infantil na prática   168

Conclusão   185
Referências bibliográficas   189

Apresentação

Meu filho me perguntou: "Como entrei na sua barriga?". O que devo responder? Minha filha de quatro anos quer saber: "O que é sexo?", "O que é camisinha?". Como vou explicar a ela? São perguntas comuns que as crianças costumam fazer aos pais e responsáveis sobre sexualidade e que tendem a deixá-los aflitos.

Em geral, o tema sexo é discutido de forma superficial, sendo muitas vezes banalizado em piadas, músicas, comerciais de televisão, publicações nas redes sociais etc. Mas, se alguma criança toca no assunto, a situação fica constrangedora e tensa. Logo a conversa é encerrada — os adultos fogem do assunto por não quererem responder ou por temerem falar algo errado ou inapropriado para a idade dela. Eles se apavoram diante do tema sexualidade, como se fosse um assunto proibido para as crianças.

Essa realidade tem provocado grandes prejuízos ao desenvolvimento das crianças, afinal elas precisam aprender sobre sua sexualidade e seu corpo, além de sentimentos e sensações. Isso sem falar na urgência da necessidade de aprenderem a se proteger de abusos sexuais. Inclusive, já está comprovado que educação sexual adequada na infância é a forma mais segura para proteger a criança do abuso sexual — quanto mais informada, mais segura estará.

Por esses e por muitos outros motivos, decidi escrever este livro. O conteúdo, as ferramentas e as técnicas aqui apresentados irão prepará-lo para desenvolver, de forma simples e descomplicada, o processo de educação sexual com seus filhos e com outras crianças com as quais convive, pois você entenderá os aspectos fundamentais da sexualidade na infância e na vida.

Como tudo começou?

Os primeiros estudos que fiz acerca da sexualidade humana foram direcionados ao público adulto. Nesse período, eu realizava aconselhamento e participava de eventos de encontro de casais e também voltados a mulheres. Nesses encontros, ouvia muitos homens e mulheres expressarem seus problemas sexuais. Aliás, sempre me preocupou o número elevado de mulheres que relatavam não sentir prazer algum durante a relação sexual.

Em seus relatos, era comum expressarem que sentiam — durante a relação sexual — angústia, frustração, nojo e desejo de que o ato terminasse o quanto antes. Além disso, muitas diziam se sentirem usadas, como se fossem apenas um objeto de prazer. Determinadas mulheres chegavam a afirmar que a pior parte do relacionamento era o sexo. Sim, sexo sem prazer e sem satisfação alguma pode se tornar algo intragável, perturbador e, como muito se tem debatido hoje, abusivo.

Diversas dificuldades e até transtornos sexuais têm origem na infância e, muitas vezes, suas causas estão relacionadas à ausência de educação sexual adequada e à ocorrência de abuso sexual. Portanto, não temos como ignorar esse assunto.

Em uma pesquisa que realizei com 142 mulheres, foram abordadas as dificuldades que elas tinham de sentir prazer durante o sexo, além de outras questões sobre relacionamentos. Nas respostas da maioria delas, dois pontos eram bastante comuns. O primeiro era que, durante a infância e a adolescência, elas tinham muitas dúvidas sobre o próprio corpo e o ato sexual em si, mas não tinham coragem de perguntar aos pais, e estes também nunca haviam conversado sobre sexo com as filhas. E, quando adolescentes, conversavam sobre o tema apenas com amigos e, dessa forma, iniciaram a vida sexual sem os conhecimentos necessários sobre o próprio corpo e a relação sexual.

Outro ponto que me surpreendeu foi descobrir que a maioria dessas mulheres tinham passado por algum tipo de abuso sexual na infância ou adolescência e que não sabiam como se proteger nem tinham consciência de que estavam sendo abusadas. Inclusive, muitas mulheres descobriram que tinham sido vítimas apenas durante a minha pesquisa. O que essas mulheres tinham em comum é que, dentro do núcleo familiar em que estavam inseridas, o assunto "sexo" era um tema proibido ou, quando abordado, sempre se referia a algo negativo, sujo ou inadequado, classificado como "assunto de adulto".

Quando atuei no ambiente escolar, era comum ouvir desabafos de pais e educadores sobre a dificuldade que tinham para responder àquelas "perguntas embaraçosas" feitas pelas crianças sobre sexualidade.

O desespero se tornava ainda maior quando elas tocavam nas próprias genitálias, nas de um coleguinha na sala de aula ou ainda quando estavam "brincando de médico" com outra criança.

Existiam diversas situações consideradas desconfortáveis por esses adultos, mas que, na verdade, representavam, em sua maioria, manifestações sexuais totalmente normais e esperadas das crianças. Ficou nítido para mim que essas crianças, no fundo, queriam entender o que estava acontecendo com o próprio corpo, sensações e sentimentos. Mas os adultos não sabiam explicar, fosse por medo ou por falta de informação.

Constantemente, os responsáveis pelas crianças me perguntavam: "Quais palavras usar?", "Como e quando realizar a educação sexual?", "Existe alguma técnica ou materiais para nos auxiliar?". Foi por causa dessa lacuna de informação que mergulhei nas redes sociais, lancei cursos, seminários, workshops, treinamentos, formação para pais, educadores, psicólogos e outros profissionais nas áreas de educação sexual, educação emocional e prevenção ao abuso.

Formar adultos capazes de educar crianças emocional e sexualmente saudáveis e, principalmente, ensinar as crianças a se protegerem do abuso sexual, se tornou minha missão de vida.

Ao escrever este livro, que reúne conteúdo teórico e prático, procurei tornar o mais simples e acessível possível o processo da educação sexual infantil. Ao concluir a leitura, você irá se deparar com uma nova realidade — entendendo a perspectiva da criança sobre o tema — e irá se sentir mais seguro para abordar o assunto por meio de uma conversa leve e saudável.

Boa leitura!

E criança tem sexualidade?

1

Em certa ocasião, estava realizando um treinamento de capacitação para professores de uma rede de escola particular. Quando cheguei à instituição, três professoras estavam conversando, quando uma delas se dirigiu a mim e disse: "A coordenadora nos informou que você vai falar sobre a sexualidade infantil. Na hora, eu perguntei a ela: E criança tem sexualidade?".

Ao abordar esse tema, é comum que as pessoas associem sexualidade somente à ideia de sexo. De fato, muitas delas têm dificuldade em distinguir um termo do outro. Portanto, torna-se essencial iniciar este capítulo apresentando o significado de cada um.

Sexo se refere às práticas sexuais, à relação sexual, ao coito, além das características físicas que diferenciam o homem e a mulher, o masculino e o feminino, os órgãos genitais. No mundo animal, sexo faz referência às características físicas que distinguem macho e fêmea.

Já a sexualidade é um termo cujo significado é bem mais amplo e não tão simplista. É um privilégio exclusivo do ser humano, o que significa que nenhum outro ser vivo desfruta dela. Somos os únicos. Por isso, é tão importante compreendê-la.

De acordo com a Organização Mundial de Saúde (OMS), "a sexualidade humana forma parte integral da personalidade de cada um. É uma necessidade básica e um aspecto do ser humano que não pode ser separado de outros aspectos da vida. A sexualidade não é sinônimo de coito e não se limita à presença ou não de orgasmo. Sexualidade é muito mais do que isso. É a energia que motiva a encontrar o amor, contato e intimidade, e se expressa na forma de sentir, nos movimentos das pessoas e como estas tocam e são tocadas (...). A sexualidade influencia pensamentos, sentimentos, ações e integrações, e portanto também a saúde física e mental.".

Carmita Abdo, uma das principais referências em sexualidade no Brasil, afirma que a "sexualidade é o principal polo estruturante da personalidade e da identidade do indivíduo".

Ao analisarmos as definições apresentadas, é possível notar que a sexualidade é a energia que existe no ser humano que o leva à busca do prazer saudável em todas as áreas da vida, seja profissional, amorosa, familiar, espiritual etc. É a sexualidade que nos motiva a encontrar o amor, a realizar os nossos sonhos, a querer ter amigos, a acordar todos os dias para trabalhar, a brincar com os filhos e a muitas outras coisas.

Trata-se de uma necessidade fundamental do ser humano que, quando negligenciada, compromete integralmente nossa qualidade de vida. Isso porque a sexualidade é o canal pelo qual expressamos, recebemos e compreendemos afeto, prazer, carinho, gestos, comunicação, toque, intimidade, relação sexual, reflexões, aprendizados, tomadas de decisões, valores etc.

O prazer que a pessoa sente em estudar, comprar um sapato ou um carro, saltar de *bungee jump*, sair com os amigos, ouvir a música que gosta, comer, dormir ou ir à igreja diz muito sobre a sua sexualidade. O interesse em abraçar, tocar alguém e conversar, não importa com quem seja, é dirigido pelas energias sexuais.

Dessa forma, a sexualidade não pode ser separada de nenhum outro aspecto da vida humana, pois está interligada ao modo como pensamos, sentimos, agimos e interagimos, envolvendo o nosso bem-estar físico, mental, espiritual, social, familiar e até mesmo financeiro.

É por meio do exercício da sexualidade que aprendemos sobre nós mesmos, percebemos o nosso valor e o valor de cada pessoa com as quais nos relacionamos, aprendemos a nos amar e também a amar ao outro.

A sexualidade é expressa pela maneira com que falamos, tocamos o outro e somos tocados, ou seja, como nos comportamos em sociedade. Com isso, não é possível pensar a vida sem a existência dela, pois trata-se de um aspecto central da nossa personalidade e identidade, como já mencionado anteriormente.

Resumindo em uma única frase: *a sexualidade é a forma como cada pessoa se percebe e se relaciona com as outras.*

Para tornar ainda mais definida a diferença existente entre sexo e sexualidade, observe o seguinte quadro.

Sexo	Sexualidade
• Órgãos genitais (masculinos e femininos); • Relação sexual.	• Energia que leva à busca de prazer e bem-estar em todos os aspectos da vida; • Afeto; • Prazer; • Carinho; • Gestos; • Comunicação; • Toques; • Intimidade; • Valores; • Sexo; • Reflexões; • Aprendizado; • Tomadas de decisões; • Autoestima; • Relacionamentos etc.

Aspectos da sexualidade

Agora que já explicamos as principais diferenças entre sexo e sexualidade, o próximo passo para compreender a sexualidade na infância é abordar um ponto fundamental: todo ser humano tem sexualidade, embora nem todo ser humano faça sexo. Ou seja, uma pessoa

E criança tem sexualidade?

pode, sim, desenvolver a sua sexualidade sem praticar nada relacionado ao ato sexual. E é exatamente isso o que acontece com as crianças.

Uma vez que conseguimos reconhecer a sexualidade infantil como ela é, percebemos a importância de iniciarmos a educação sexual o quanto antes. O que sustenta a nossa sexualidade na vida adulta é construído ainda na infância, tornando a educação sexual fundamental para a construção dessa estrutura. Embora seja na adolescência que acontece uma forte expressão da sexualidade, a principal formação sexual acontece nos primeiros anos de vida.

O adolescente exerce sua sexualidade buscando alguém para vivenciar tudo o que ele aprendeu na infância, ou seja, como tratar uma pessoa, oferecer carinho, como se comunicar, aceitar o próprio corpo etc. Assim, se o adolescente ama a si mesmo, ele irá tratar a pessoa com quem se relaciona com mais amor e gentileza. Mas, se a sua autoestima estiver doente, fragilizada, a tendência será desvalorizar o outro.

Quantos adultos não aceitam a si mesmos e acabam por rejeitar as opiniões do outro, sendo intolerantes com as diferenças, acreditando em um único ideal de beleza e menosprezando a si e aos outros por não alcançarem esse ideal? Esses conceitos e pensamentos são construídos, em sua maioria, durante a infância.

A sexualidade na infância

Fomos ensinados a enxergar uma criança como um ser puro, inocente, angelical, assexuado, porque, na visão do senso comum, sexualidade e criança são conceitos que não combinam. Mas, quando falamos sobre a adolescência, a primeira coisa que nos vem à mente são os hormônios, o desejo pelo sexo, a vontade de ficar e namorar.

Isso acontece porque somos convencidos, pela cultura em que vivemos e pelo discurso familiar tradicional, que a sexualidade começa apenas na adolescência. Mas não é bem assim.

Na verdade, a infância é o momento mais adequado para se transmitir conhecimento e iniciar a educação sexual, principalmente porque o sexo está fora do mundo da criança. Afinal, tanto o corpo quanto o cérebro dela ainda não têm o amadurecimento necessário para o ato sexual, visto que ainda não existe a produção de hormônios sexuais, como testosterona, progesterona e estrógeno.

Somente quando esses hormônios são liberados no organismo humano — o que acontece a partir da puberdade —, o corpo da criança passa por transformações apresentadas pelas características sexuais secundárias. Nos meninos, observa-se o nascimento de pelos no rosto, nas axilas e na região pubiana, o aumento do pênis, as mudanças nas cordas vocais e a semenarca (primeira ejaculação). Já nas meninas, percebe-se o desenvolvimento dos seios, o nascimento de pelos nas axilas e na região pubiana, além do alargamento dos quadris e da menarca (primeira menstruação).

A partir da liberação desses hormônios e da ocorrência de todas essas mudanças, que coincidem também com a entrada na adolescência, é que as sensações e os pensamentos eróticos passam a ter sentido. O adolescente começa a entender melhor as respostas do seu corpo e inicia-se o desejo por uma experiência sexual.

Portanto, a criança não tem intenção ou desejo pelo sexo, pois não possui maturidade física, tampouco psicológica, para se envolver em qualquer tipo de carícia sexual. Vale ressaltar que a sexualidade se dá por meio das primeiras construções afetivas do bebê com os pais, com a família e com a sociedade. É, principalmente, a mãe — ou quem desempenha a função de principal cuidador — quem "alfabetiza" os sentidos da criança na relação e no vínculo entre ela e o bebê. Mas o que significa "alfabetizar" esses sentidos? É dar valor ao olhar, ao cheiro, ao toque, ao que vê, ao que fala, ao que come... É se conectar com as necessidades físicas e emocionais do bebê e jamais ignorar qualquer emoção manifestada por ele.

A partir do significado que é dado a tudo isso, a criança vai se sentindo aceita e compreendida. E onde está a sexualidade da criança em todo esse contexto? No seu corpo, no seu olhar, no sentimento, no pensamento.

A sexualidade na infância costuma ser expressa no relacionamento dela com o mundo, e principalmente com aquilo que lhe dá prazer, com os órgãos dos sentidos (vamos explicar com mais detalhes sobre esses aspectos no capítulo 3).

A criança tem que ser guiada na construção da sexualidade saudável, porque isso irá determinar diretamente a maneira como ela se percebe e se relaciona com o outro.

Sexualidade infantil x Sexualidade em adolescentes e adultos

A sexualidade na infância, como já explicado, não tem qualquer ligação com o ato sexual em si. É a busca pelo bem-estar e a descoberta do próprio corpo. Na fase em que a criança se toca, ela não tem fantasias sexuais, pois o ato sexual ainda não faz sentido para ela.

Na verdade, o toque revela a descoberta do próprio corpo, dos relacionamentos, da construção da afetividade.

Portanto, a sexualidade da criança se traduz no toque não sexual — quando a criança toca a si mesma, toca o outro ou recebe o toque. É uma forma de se conhecer e de dar e receber carinho com quem ela se relaciona.

Já o toque sexual é aquele que tem como objetivo a busca pelo prazer, com intenção para a relação sexual. Essa é uma característica que não está presente no comportamento natural das crianças; só se manifesta a partir da adolescência.

Para deixar ainda mais evidente a diferença existente entre a sexualidade infantil e a em adolescentes e adultos, observe o quadro a seguir.

Sexualidade infantil	Sexualidade em adolescentes e adultos
• Não há intenção para o ato sexual; • Tem o objetivo de dar e receber carinho; • É uma forma de se relacionar com o outro.	• Há intenções sexuais; • Busca de um parceiro sexual; • Tem o objetivo de dar e receber carinho; • É uma forma de se relacionar com o outro.

É a partir desse conceito que começamos a entender a sexualidade infantil e a importância de oferecer a educação sexual desde o ventre materno.

Mas o que é educação sexual?

O que é educação sexual?

A educação sexual se refere ao processo de ensino-aprendizagem da sexualidade humana, abrangendo desde as informações mais básicas referentes ao corpo humano e aos órgãos sexuais a até mesmo aspectos mais complexos, como a prevenção ao abuso sexual e outras violências, a formação da sexualidade, a explicação sobre a origem dos bebês, entre tantos outros assuntos.

Além disso, também se estende a discussões mais profundas, que envolvem valores, sentimentos, emoções, questões éticas, morais e sociais, virtudes, relacionamentos etc. Ou seja, tudo o que envolve a sexualidade, conforme foi apresentado no capítulo anterior, deve ser abordado na educação sexual da criança. É importante ressaltar que a vida sexual, ou seja, a sexualidade de uma pessoa não se resume somente ao ato sexual em si, mas sim a forma como ela se percebe e se relaciona com os demais. Portanto, não podemos limitar o conceito de educação sexual infantil somente às conversas relacionadas a sexo, e sim a tudo que envolva o mundo da criança, considerando suas necessidades, desejos, opiniões — afinal, tudo isso é sexualidade.

E só para deixar registrado mais uma vez, no termo "educação sexual", a palavra "sexual" não faz referência ao sexo, e sim à sexualidade.

Inclusive, durante as conversas sobre sexo, podem surgir diversos assuntos que apontem para o estado emocional da criança, o que ela pensa sobre si mesma, sobre sua família, seus amigos, sua professora etc. É uma grande oportunidade para conhecer melhor as emoções e a individualidade do seu filho.

Vale destacar que uma educação sexual saudável e adequada sempre respeita o desenvolvimento físico, emocional, psicológico, cognitivo e sexual da criança. Além disso, não deixa de oferecer informações e conhecimentos importantes para cada idade nem vai adiantar aquilo que só deve ser explicado em idades posteriores.

Educação sexual não é	Educação sexual é
• Erotizar ou adultizar a criança; • Estimular a prática sexual; • Mostrar imagens ou conteúdos pornográficos; • Só responder à criança de onde vêm os bebês.	• O processo ensino-aprendizagem sobre a sexualidade humana; • Oferecer informações sobre o corpo, emoções, sentimentos; • Ensinar à criança sobre a anatomia do corpo e como ele funciona, incluindo as partes íntimas; • Ensinar à criança a respeitar e amar o seu corpo como ele é, impactando no desenvolvimento da sua autoestima e autovalor; • Ensinar a respeitar o corpo do outro, além de princípios como consentimento, intimidade, privacidade, autocuidado, honra, sensibilidade, gentileza etc; • Estabelecer uma conexão afetiva com os filhos; • Ensinar à criança a se proteger do abuso sexual e de outras violências.

Por que a educação sexual deve começar em casa?

A família é a instituição mais importante para o processo de educação sexual. É dentro de casa que os valores, as crenças, a moralidade e a autopercepção são construídos, são os pais ou os cuidadores as pessoas em quem a criança mais acredita e confia. Por isso, devemos ter consciência de que nosso papel é fundamental na formação da sexualidade dos nossos filhos.

No entanto, isso não significa que a família deva ser a única a oferecer a educação sexual. O ideal é a criança receber informações vindas também de outras fontes, até porque grande parte dos casos de abuso infantil ocorre dentro do ambiente familiar. Se as crianças limitarem o aprendizado sobre seus corpos, suas emoções e a respeito da prevenção contra abusos apenas ao contexto familiar, muitas delas ficarão desprotegidas.

Por essa razão, é importante que escolas, instituições religiosas, organizações não governamentais (ONGs) e outras entidades também desempenhem um papel ativo no ensino e na discussão da autoproteção, abordando os diversos aspectos da educação sexual.

Alguns benefícios da educação sexual na infância:

- É fundamental para construir a Inteligência Sexual;
- Previne disfunções sexuais na vida adulta, afinal, informação errada ou a falta dela podem provocar problemas sexuais;
- Diminui a ansiedade e a angústia da criança provocadas pela falta de informação;
- Contribui para a construção de uma visão positiva da criança sobre si mesma e sobre o outro;
- Ajuda a criança a construir relacionamentos saudáveis na infância, adolescência e vida adulta;
- Ajuda a criança no processo de aprendizagem na vida escolar, pois alimenta a vontade de saber e de perguntar, impactando positivamente sua capacidade cognitiva;
- É uma importante forma de ensinar a criança a expressar emoções e sentimentos;
- Aumenta a intimidade entre a criança e os pais ou cuidadores;
- Aumenta a afetividade entre pais e filhos, dando à criança o sentimento de que pode contar com os responsáveis por ela;

- Ensina a criança a se proteger do abuso sexual e de outras violências.

O abuso sexual é um tema delicado, íntimo e carregado de sofrimento e silêncio. Exatamente por isso, trata-se de uma das consequências mais devastadoras da ausência da educação sexual infantil.

Ao longo dos quase vinte anos em que pesquiso e atuo na área da sexualidade, me deparei com diversos relatos pesados e tristes. Era — e ainda é — muito comum ouvir: "Eu nem sabia que estava sendo abusada", "Eu não sabia como me proteger", "Eu fui abusado por anos e não conseguia contar para ninguém".

Muitas pessoas afirmam o quanto as dores e os traumas causados pelos abusos sexuais sofridos na infância distorceram profundamente a visão que têm de si mesmas, do sexo, da sexualidade, de relacionamentos, de sentimentos e de felicidade.

Talvez, você que esteja lendo este livro também tenha sido vítima de abuso e ainda carrega dores na alma, e exatamente por isso possa pensar: "Eu quero fazer tudo para evitar que meu filho sofra um abuso sexual!".

Pesquisadores, psicólogos e educadores afirmam que a forma mais eficaz e segura de prevenir o abuso sexual é por meio da educação sexual infantil. Porque, quanto mais informada estiver a criança, mais protegida estará.

Não se esqueça: educar sexualmente uma criança significa ensiná-la a amar a si mesma, a lidar com suas emoções, a se proteger do abuso e a construir relações saudáveis.

Não deixe para depois!

Provavelmente, você já ouviu de algum parente ou profissional que só devemos começar a educação sexual perto da adolescência ou quando a criança fizer alguma pergunta. Dizem que se ela não perguntar nada sobre o tema, é porque não está pronta para saber. Isso é totalmente incoerente e vai contra todas as pesquisas nacionais e internacionais sobre o tema.

Pare e pense: em que momento você começou a se preocupar com a construção do caráter do seu filho; em formar uma criança educada e um cidadão de sucesso? Se você é uma pessoa religiosa, quando começou a ensinar as suas crenças e rituais religiosos para seu filho? Em que instante passou a se preocupar com a educação escolar e com a aprendizagem dos conteúdos que são oferecidos para ele?

Acredito que, desde muito cedo, você se atentou a transmitir tudo o que acredita ser fundamental para o desenvolvimento do seu filho. Então, por que só a educação sexual infantil deve ser adiada ou ignorada? Afinal, se você colocasse o seu filho na escola apenas quando ele estivesse na adolescência ou, ainda, só passasse a ensinar os valores nessa fase tardia, acredita que isso traria algum prejuízo para a formação do caráter, vida escolar, acadêmica e profissional dele? Sem dúvida que sim.

E é exatamente isso que está acontecendo na maioria das famílias quando se trata de educação sexual. Muitos pais ou cuidadores creem que só devem iniciar as conversas sobre sexualidade quando seus filhos estiverem entrando na adolescência. Mas é justamente por causa dessa espera e do medo de falar sobre sexualidade que estamos tendo tantos prejuízos.

Se a criança não recebe educação sexual, ela pode ser seriamente prejudicada no seu desenvolvimento emocional e sexual. Principalmente em um contexto social de tanta erotização infantil. Como consequência, a criança pode ficar perdida, pode não saber como lidar com seu corpo e emoções e pode se sentir incapaz de entender as sensações que experimenta. Com isso, tende a buscar na internet ou entre os amigos as respostas para as perguntas e curiosidades que tem sobre sua sexualidade, enfrentando por conta própria o desafio de navegar por esse território desconhecido. O cenário piora quando percebemos que muitas estão tendo acesso à pornografia, e que esta tem se tornado a grande "educadora" sexual de crianças e adolescentes. Isso é terrível. Além disso, eles seguem sem ter qualquer noção de como se proteger do abuso sexual.

Existe um grande mito que falar sobre sexualidade vai estimular a criança a praticar o que não deve. Inclusive, muitas famílias acreditam que falar sobre sexualidade estimula a criança a brincar com os amiguinhos de namorar e a antecipar a sua vida sexual na adolescência, prejudicando o seu desenvolvimento e sua visão sobre os relacionamentos. Contudo, isso não é verdade.

Diversas pesquisas provam o contrário. Crianças que conversam sobre sexualidade com seus pais ou cuidadores e recebem a devida orientação tendem a adiar o início da vida sexual e têm um desenvolvimento emocional e sexual muito mais positivo, quando comparadas àquelas crianças educadas em um lar onde esses assuntos são proibidos. A falta de informação só traz prejuízos às crianças e aos adolescentes.

Ao realizar qualquer tipo de trabalho de educação sexual nas escolas, me impressiono com o número de adolescentes que desconhecem aspectos básicos da sexualidade, embora a maioria já tenha tido a primeira relação sexual. Conforme uma pesquisa da psiquiatra e sexóloga Carmita Abdo, os adolescentes brasileiros iniciam a atividade sexual na faixa entre os treze e dezessete anos, sendo a maioria aos quinze anos, de acordo com outros pesquisadores. Dentro desse mesmo contexto, dados publicados pelo governo brasileiro, em 2023, apontaram que um em cada sete bebês brasileiros é filho de mãe adolescente. Por dia, são 1.043 adolescentes que se tornam mães em nosso país. E, por hora, são 44 bebês que nascem de mães adolescentes.

Também é importante destacar que diversas meninas ainda engravidam por desconhecerem aspectos básicos sobre valores nos relacionamentos, comportamentos sexuais saudáveis e métodos contraceptivos. Ainda mais grave é o fato de infecções sexualmente transmissíveis (ISTs), como sífilis, clamídia, gonorreia e herpes, se proliferarem entre os mais jovens. Um grande número de adolescentes sequer conhece os sintomas dessas infecções e ignora os perigos de contaminação.

É fato que muitos adolescentes têm algum conhecimento sobre as ISTs, mas ainda carregam muitas dúvidas que os colocam em situação de risco. De acordo com uma pesquisa feita, em 2021, pela especialista Cristianne Soares Chaves, o risco de contrair HIV ou outra IST foi relatado como quase impossível para 70,8% dos adolescentes pesquisados. Além disso, 40,1% dos adolescentes investigados não utilizaram preservativo durante a primeira relação sexual, 87,7% nunca usaram camisinha em sexo oral e 79,7% nunca usaram durante a relação sexual anal.

Como muitos pais e escolas apresentam grande dificuldade para falar sobre sexo com crianças e adolescentes, eles acabam procurando informações em fontes não confiáveis para saberem sobre a prática sexual, e pouco — ou nada — buscam sobre a prevenção das ISTs.

Entre os fatores que contribuem para essa realidade está a desinformação causada pela ausência de uma educação sexual. Se desde a infância não se estabelece um canal efetivo de comunicação entre pais ou cuidadores e filhos, a tarefa de fazê-lo durante a adolescência se torna mais desafiadora. Isso porque, os jovens naturalmente buscam mais a interação com seus amigos para trocar experiências, afastando-se, muitas vezes, dos responsáveis. Na adolescência, os jovens estão mais preocupados em saber como praticar a atividade sexual e desejam vivenciá-la, embora muitos não tenham maturidade para isso.

Nesse contexto, pais que adiam a conversa sobre sexualidade até essa fase podem se deparar com a indiferença dos filhos, deixando-os vulneráveis aos conselhos e influências externas negativas.

Fatos sobre a educação sexual infantil

1. Educação sexual não erotiza a criança. O que pode erotizar a criança é ficar perguntando se já tem "namoradinho", incentivá-la a cantar e dançar músicas com conteúdo inapropriado ou ainda permitir que ela veja filmes, novelas e outros programas não indicados para a sua faixa etária;

2. Educação sexual não tira a "inocência" ou "pureza" da criança. A educação sexual feita com uma linguagem adequada respeita o entendimento de cada faixa etária da criança;
3. Educação sexual não ensina a criança a fazer sexo. Ao contrário, a orientação adequada foca na afetividade e não no erótico;
4. Explicar à criança como os bebês nascem não estimula um comportamento sexual. A verdade é que quanto mais educação sexual a criança recebe, menor é o risco de ela fazer parte de jogos sexuais inadequados, que não condizem com seu desenvolvimento sexual, e também menor é a chance de ela entrar precocemente na vida sexual;
5. Não se deve esperar para começar a educação sexual apenas quando a criança fizer alguma pergunta sobre o assunto. Não cabe à criança a responsabilidade da decisão de quando sua educação sexual deve começar. Essa é uma responsabilidade do adulto. Existem crianças que nunca perguntarão nada sobre o assunto, e elas também precisam receber essas informações;
6. Não é apenas a família que deve realizar a educação sexual das crianças. Embora ela seja a principal

responsável e soberana nesse processo, ela não deve ser a única. Escolas, igrejas e outras instituições também precisam falar sobre o assunto, principalmente porque a maioria dos casos de abuso acontece dentro da família. Assim, é necessário que a criança aprenda a se proteger e a não depender só da família para isso. Também é importante frisar que os pais precisam receber capacitação oferecida pelo governo e profissionais especializados;

7. Educação sexual não é apenas ensinar à criança de onde vêm os bebês e que ninguém pode tocar nas partes íntimas dela. A educação sexual tem uma abordagem multifatorial: corpo, emoções, autoestima, intimidade, privacidade, consentimento, respeito ao próprio corpo e ao corpo do outro, formação da identidade e da personalidade, inteligência emocional, bem como prevenção ao abuso sexual, aos relacionamentos abusivos, bullying etc.

Como as crianças aprendem a respeito da sexualidade?

No dia a dia, exprimimos aspectos de nossa sexualidade para filhos, amigos e pessoas com quem nos relacionamos de diferentes formas, que vão desde o modo como falamos e as roupas que escolhemos até aos hábitos alimentares que adotamos. A todo momento, estamos educando sexualmente as crianças, quer queiramos ou não. De forma consciente ou não.

O comportamento do adulto, seja ele qual for, passa uma visão positiva ou negativa sobre o tema à criança, afinal os pais ou cuidadores são os maiores responsáveis pela educação sexual dos filhos. A seguir, há uma lista de maneiras como as crianças aprendem sobre sexualidade dentro do contexto familiar:

- Pela forma como são tocadas, seguradas, confortadas, abraçadas e cuidadas;
- Observando a maneira como a família expressa afeição e carinho uns pelos outros;
- Por meio do conhecimento do próprio corpo e de suas sensações;
- Pelo conhecimento do que é e do que não é permitido fazer;
- Por meio de palavras que a família usa para fazer referência às partes do corpo, inclusive aos órgãos sexuais;
- Pela reação da família diante de manifestações sexuais e perguntas sobre sexualidade;
- Por meio da transmissão dos valores da família.

Por fim, vale ressaltar que a ausência de educação sexual acarreta prejuízos emocionais e psicológicos significativos para a criança, contribuindo para uma visão distorcida de si mesma e dos outros.

O desenvolvimento da sexualidade infantil

O desenvolvimento da sexualidade está diretamente ligado ao desenvolvimento emocional do indivíduo. Isso significa que um não acontece sem o outro. Nesse processo, as descobertas e as explorações ocorrem de forma constante ao longo de toda a infância.

Primeira fase: de 0 a 2 anos

No ventre materno

A nossa sexualidade começa a ser desenvolvida desde o ventre materno. Na barriga da mãe, o bebê boceja, chupa o dedo, escuta, sorri, dorme, acorda, soluça, procura posições mais confortáveis, responde a vários estímulos.

Entre a 21ª e a 24ª semana, passa a reconhecer a voz da mãe. Ao estabelecer uma comunicação verbal afetuosa e carinhosa, a mãe transmite informações químicas e hormonais para o bebê, impactando na formação do vínculo e, consequentemente, no desenvolvimento da sexualidade.

Assim, desde o ventre, mães e pais já podem começar a educação sexual e emocional do bebê, conversando com ele, cantando, contando histórias e falando positivamente sobre o corpinho dele.

Também durante a gravidez já é possível começar a se posicionar diante da família sobre tipos de brincadeiras que não serão permitidas. Por exemplo: se algum familiar tem costume de brincar com as partes íntimas de alguma criança ou tece comentários, como "Este vai ser pegador" ou "Esta menina vai ser namoradeira", os pais devem se posicionar para conscientizar a família de que não será permitido agir assim com sua criança, estabelecendo limites bem definidos.

Após o nascimento

Após o nascimento, a boca é uma região do corpo pela qual o bebê tem prazer. Atividades como sugar, mamar, morder e chupar proporcionam sensações de bem-estar e segurança e são fundamentais para a construção afetiva-sexual dele. Por isso, quando a criança mama no peito ou chupa chupeta, o desmame jamais pode acontecer de forma abrupta, repentina. Isso prejudica o desenvolvimento emocional e sexual do bebê.

» **Meu filho coloca tudo na boca!**

À medida que o bebê cresce um pouco mais e inicia o processo de engatinhar, é comum que ele pegue os objetos do chão e os coloque na boca. Essa prática é normal e saudável, tanto para o desenvolvimento da sexualidade quanto das emoções dele, pois, por meio da boca, o bebê também conhece o mundo e explora os ambientes ao seu redor.

Dica: No momento em que seu bebê levar um objeto à boca, em vez de arrancá-lo de suas mãos ou brigar com ele, apresente o objeto para seu filho e ofereça outra coisa para ele brincar que possa ser levada à boca. Essa abordagem promove uma interação mais positiva e educativa.

» **O poder do toque**

A pele é o maior órgão do corpo humano, e é por meio dela que sentimos o mundo. A forma como tocamos em uma criança vai formando o conceito e a percepção que ela terá do seu próprio corpo, e de como ela merece ser tocada.

Quanto mais os pais ou cuidadores tocarem o bebê e buscarem compreender suas emoções, mais segurança e amor conseguirão transmitir. Isso permite a criação de laços afetivos, proporciona uma sensação intensa de prazer e bem-estar e oferece à criança a consciência de que ela tem um corpo, que este é importante e aceito, ou seja, ela começa a compreender sua estrutura corporal.

Dica: Faça massagem em seu bebê. Na troca de fraldas ou então durante o banho, nomeie as partes do corpo da criança: "Agora vou lavar sua barriguinha, o seu pé. Agora vou passar a pomada no bumbum. Vamos trocar esta fralda, ela já está cheia. Você merece ficar limpinho e cheiroso". Isso é educação sexual.

» Jamais deixe seu bebê chorando

"Deixe este bebê chorando aí", "Chorar fortalece os pulmões", "Deixe ela chorando até dormir" Talvez você já tenha ouvido essas frases. Infelizmente, elas são comuns. Mas entenda que jamais um bebê ou uma criança deve ser deixada chorando sozinha sem consolo, principalmente por longos períodos. Essa é uma situação de estresse para os pequenos. E situações estressantes levam a uma descarga de hormônio de estresse no cérebro infantil, podendo causar danos cerebrais. Além disso, registros de abandono, solidão, impotência e desamparo são instaurados em seu cérebro, conforme afirmam os especialistas Sue Gerhardt e Gabor Maté.

Deixar o bebê chorando não ensina nada positivo a ele. Ao contrário, ensina que, nos momentos de maior necessidade, ele não tem com quem contar. Não significa que não se deve deixar uma criança chorar. Aliás, é importante permitirmos que ela chore e expresse todas as suas emoções e que não escute frases como "Pare de chorar, você não tem motivo nenhum para estar chorando". Saiba que todo choro tem um motivo.

A orientação aqui é não a deixar sozinha e sem consolo em suas necessidades emocionais. Não tenha medo de dar colo. Colo é vida. A conexão física e emocional com pais e cuidadores proporciona ao bebê uma sensação de segurança, bem-estar e amor. Isso é a base para a sexualidade.

Segunda fase: de 2 a 4 anos

Por volta dos dezoito meses até os dois anos de idade, a criança tem um apreço e até um encantamento pelo seu cocô. Na mente infantil, o cocô é uma obra de arte e um presente que ela oferece aos pais. Por isso, ela admira e fica orgulhosa quando faz cocô, ama dar tchau para o cocô, tira a fralda com cocô e oferece aos pais como se fosse um presente.

Se sua criança agir assim, não faça comentários negativos, como "Ai, que nojo! Que mau cheiro!", "Eca, jogue essa fralda fora! Tire isso de perto de mim!", "Não quero ver seu cocô, não! Não precisa me mostrar!". Falas como essas podem causar na criança o sentimento de que ela é inadequada e que seu cocô é perigoso.

Reaja positivamente: "Nossa, seu cocô foi grandão! Que legal! Chegou a hora de o cocô ir embora para a casinha dele. Vamos dar tchau?". Essa relação positiva com o cocô é crucial para o desenvolvimento saudável da sexualidade infantil.

Diante desse contexto, também quero destacar algo muito importante: o desfralde. Não é o adulto quem decide quando a criança deve parar de usar fraldas, isso depende do desenvolvimento cognitivo, motor, neurológico e emocional dela. Não está no controle do adulto e muito menos no da criança.

Controlar os esfíncteres não é algo simples. Portanto, a fralda deve ser usada até quando for necessária. Os pais não devem ceder à pressão de familiares, amigos e até de muitos profissionais que dizem que o adulto responsável precisa tirar a fralda da criança. Só é motivo para avaliação profissional se a criança tem entre cinco e seis anos e ainda usa fralda durante o dia.

Escolas também não devem fazer desfralde coletivo. Isso é desrespeitoso para com as crianças. O desfralde precoce pode causar problemas urinários, intestinais, sexuais e psicológicos.

Outro ponto que vale ser mencionado é que, desde os seis meses de idade, o bebê já toca e brinca com seus genitais. Com o início do desfralde, a criança tem mais acesso ao pênis e à vulva, porque ficam mais expostos. Os toques se tornam mais frequentes do que antes, uma vez que a fralda dificultava o acesso direto às partes íntimas e porque a curiosidade aumentou.

Esse assunto é explorado com mais profundidade na página 105, quando tratamos de masturbação infantil.

Curiosidade sobre as partes íntimas

Nesta fase, a criança vai apresentar curiosidade sobre as partes íntimas dos outros. Assim, caso ela levante a saia de alguém, peça para ver as partes de outra criança ou de um adulto ou queira mostrar sua nudez correndo pelada pela casa, por exemplo, não é preciso se desesperar. O ideal é corrigi-la gentilmente, ensinando-a sobre intimidade e privacidade.

Mas, se a criança apresenta comportamentos sexualizados que não fazem parte do repertório infantil, é possível que esteja reproduzindo algo que viu ou o que alguém tenha feito com ela. Isso, sim, merece nossa atenção para buscarmos saber as causas desse comportamento. As ferramentas de educação sexual disponibilizadas neste livro vão ajudar nesse caminho.

Autocuidado e higiene

A partir dos dois anos, comece a incentivar a criança ao autocuidado e à higiene. No momento do banho, coloque o shampoo na mão dela e a ensine a lavar a cabeça, entregue a escova a ela e a mostre como escovar os dentes, além de permitir que ela tente colocar algumas peças de roupas sozinha.

Se forem ensinadas, aos quatro anos, a maioria das crianças neurotípicas[1] já consegue tomar banho sem ajuda e é capaz de fazer sua higiene após o xixi e o cocô. O adulto fica ao lado dela para dar suporte e conferir se tudo foi feito adequadamente.

Quanto mais a criança tem autonomia em relação ao seu corpo, mais protegida estará do abuso sexual, pois em situações nas quais os pais ou cuidadores não estiverem presentes, não será necessária a ajuda de outra pessoa para higienizar a criança e tocar em suas genitálias.

As primeiras perguntas sobre sexo

É nessa faixa etária que começam a surgir as primeiras perguntas sobre sexo, corpos etc. "Mamãe, por que você tem cabelo na 'pepeca' (vulva)?", "Papai, por que sua 'pitoca' (pênis) é maior que a minha?", "Mamãe, você cortou a barriga (referindo-se à cicatriz da cesariana)?"

As perguntas sobre sexualidade e a vida como um todo começam a fomentar a partir dos quatros

---

[1] O termo "neurotípicas" refere-se a pessoas que não apresentam nenhuma neurodivergência. [N.E.]

anos, com a entrada na fase dos "porquês". Com o avanço no desenvolvimento das regiões cerebrais, a criança começa a entender um pouco sobre causa-efeito, e tanto a fala e a linguagem quanto a compreensão dão um salto de desenvolvimento. Assim, ela busca compreender desde as coisas simples às mais complexas, e, com isso, o desejo de saber sobre si e sobre o mundo é grande. Aproveite essa fase e apresente a vida para a criança.

Se seu filho de três anos ainda não fez nenhuma pergunta sobre sexualidade, não se preocupe, porque isso também é normal. Entretanto, você já pode começar a explicar as diferenças do corpo e abordar outros aspectos da educação sexual. O importante é se apresentar disponível quando as perguntas surgirem e buscar entender as curiosidades, as emoções e os comportamentos sexuais naturais da criança.

"Não beije a minha mãe!", "O papai é meu namorado!"

É frequente algumas crianças ficarem chateadas ao ver os pais se beijando ou se abraçando, pois os filhos querem os pais para si. Esse comportamento reflete as fantasias infantis normais relacionadas à competição, ao apego emocional saudável e à falta de compreensão sobre os tipos de relacionamento, o que é esperado nessa idade.

Para lidar com a questão, a primeira coisa a se fazer é não brincar com os sentimentos e os comportamentos da criança. Frases como "Hummm... Está com ciúme?" ou "O papai é meu!" podem ser prejudiciais à situação. Em vez disso, é importante explicar para os filhos que os pais se amam e gostam de dar carinho um ao outro.

Até os três anos, a criança tem mais dificuldade para entender esse cenário. Assim, nos momentos em que ela se incomodar com a cena, você pode evitar continuar com esse contato para não a irritar ainda mais. Com o tempo, ela vai entender que é uma demonstração de carinho.

Explique à criança que o relacionamento conjugal é importante e que as demonstrações de carinho não diminuem o amor que vocês sentem por ela. Aliás, ela se sente confortada e segura quando percebe que seus pais se amam. A relação dos pais será a base para que ela construa o senso de merecimento e valor próprio nos futuros relacionamentos amorosos: Que tipo de parceiro amoroso mereço? Como mereço ser tratada? Como devo tratar a pessoa com quem me relaciono? Como deve ser a vida a dois? Como dar e oferecer carinho?

Terceira fase: 4 a 6 anos

Conforme apresenta a especialista Hália Pauliv de Souza, por volta dos quatro anos de idade, a criança entende o que é ser homem e mulher, e por volta dos cinco anos já sabe se é menino ou menina. As perguntas sobre sexo e sexualidade se tornam mais frequentes e mais elaboradas: "Como eu entrei e saí da barriga da mamãe?", "De onde vêm os bebês?", "O que é sexo?", "O que é vagina?", "O que é camisinha?", "Por que meu pênis fica duro?", "Por que sinto cosquinha na pepeca?", "Quando posso namorar?". Fique tranquilo, porque trago neste livro sugestões de respostas para todas essas perguntas e tantas outras mais.

Nessa fase também, a curiosidade e os toques genitais, os jogos e as brincadeiras sexuais infantis continuam — brincar de médico, beijar na boca do amiguinho, olhar os genitais de outras crianças, observar o corpo das outras pessoas etc.

Cabe aos cuidadores orientar as crianças e estabelecer limites de maneira construtiva, sem recorrer a ameaças ou punições. Algumas brincadeiras são fruto de curiosidade ou então porque a criança acessou conteúdo pornográfico, foi erotizada ou até abusada. Por exemplo, se a menina está introduzindo algum objeto ou brinquedo na vagina, a causa pode ser apenas curiosidade pelos orifícios do corpo (o que é comum na infância) ou estar relacionado a algo preocupante, como citado anteriormente. Em situações assim, interrompa a brincadeira e converse calmamente com a criança para investigar com quem e onde ela aprendeu tais comportamentos. Nunca brigue ou ameace. É hora de educar e acolher.

Vou perder meu pênis!

A partir dos três anos, os órgãos sexuais ganham mais valor para a criança, e essa fase dura até mais ou menos os cinco anos. Quando a criança se dá conta das diferenças dos órgãos sexuais, é tomada por dúvidas. O menino olha para a menina ou para sua mãe e percebe que ela não tem pênis. Então, ele pode pensar: "Será que o 'piu-piu' dela caiu? Será que o meu também vai cair?". Já a menina vê o pênis do irmão ou do pai e pensa: "Será que um dia vou ter pênis?".

Aliás, nesse contexto, sempre oriento aos pais a não fazerem brincadeiras nem ameaçarem os filhos com frases do tipo: "Vou cortar esse pinto", "Se você ficar pegando no 'piu-piu', ele vai cair!", "Se você não lavar esse 'pirulito', vai criar bicho e cair!". Agir assim pode gerar angústia na criança, sem falar no quanto é desrespeitoso.

Brincadeiras com cocô

Nessa fase, é comum as crianças fazerem brincadeiras e acharem superengraçado falar sobre cocô, pum, xixi, meleca de nariz. Dizem que vão comer um "cocozinho", que o pum é cheiroso, soltam pum e saem rindo ou então, em brincadeiras, apelidam outras crianças ou adultos de cocô etc. Pode brincar saudavelmente com a criança trazendo essa temática, inclusive há livros infantis bem legais sobre pum, cocô e outros assuntos. Quando a criança falar ou agir de forma desrespeitosa ou falar do assunto em lugares não adequados, oriente-a com delicadeza, fale sobre respeito e a ensine sobre limites necessários.

Fase da vergonha

Entre os cinco e seis anos, começa a instaurar na criança a vergonha saudável em relação às partes íntimas e outros aspectos da sexualidade. É a chegada do senso de pudor ou pudor pessoal. Será mais comum a criança pedir para tomar banho sozinha, fechar a porta do quarto, solicitar privacidade para usar o banheiro.

Nesses momentos, não diga frases como "Deixe de besteira! Eu já vi seu pênis/vulva mil vezes e agora você quer esconder?", "Não vou sair não!". Essa é uma excelente oportunidade para você oferecer educação sexual e ensinar à criança os conceitos de intimidade, privacidade e consentimento. Você pode dizer: "Ah, você quer um momento de privacidade para usar o banheiro? Tudo bem! Vou sair agora. Devemos sempre respeitar quando alguém solicita o seu espaço de privacidade e os outros também devem nos respeitar".

Se a sua criança já passou dessa idade e nunca fez solicitações como essas, não é sinal de problema. Certamente, ela está expressando a vivência do senso de pudor de outras formas.

Quarta fase: 7 a 10 anos

Se as fases anteriores forem vivenciadas de forma saudável, a criança estará mais preparada para se inserir no mundo social e mais receptiva para viver novas experiências e aprendizados.

Por volta dos sete e oito anos, observamos uma mudança notável no comportamento das crianças, em que meninos e meninas não querem mais se misturar como antes. Pode haver uma certa rejeição da companhia do sexo oposto durante brincadeiras e outras interações, e a competição é bem presente: os meninos querem mostrar que são mais fortes que as meninas, enquanto elas desejam provar que são mais inteligentes.

Nesse momento, o papel dos pais e adultos responsáveis é orientar as crianças para que não se estabeleça uma "guerra dos sexos" na infância, muito menos forçar a interação.

É durante esse período que as crianças buscam pessoas para se identificarem — pessoas diferentes de seus pais, como professores, amigos da escola, famosos da televisão, personagens de filmes, atores, cantores, influenciadores digitais etc. Essas novas referências exercem influência significativa no desenvolvimento da sexualidade dessas crianças.

Portanto, é responsabilidade dos cuidadores estarem atentos ao conteúdo que suas crianças consomem, dada a inegável e forte influência desses modelos adultos e infantis na formação das crianças.

O desenvolvimento da sexualidade infantil

Aos oito e nove anos, a criança quer saber mais sobre tipos de relacionamento de cunho erótico, tanto heterossexuais quanto homoafetivos: namoro, casamento, o que é ficar; tem curiosidades mais profundas sobre como o sexo acontece, se dói, se é nojento.

Nessa fase, a capacidade crítica esperada para a idade e a vergonha saudável aparecem de forma mais nítida nas atitudes da criança. As garotas e os garotos experimentam um momento com grande capacidade para aprendizado, uma vez que o novo e o mundo fora de suas casas os fascinam. Por isso, é importante desenvolver uma comunicação aberta para ouvir as experiências vividas pelas crianças dentro e fora de casa.

Nessa idade, brincadeiras muito sexualizadas já não são comuns. Se acontecer, fique atento, pois pode ser um pedido de ajuda da criança, um pedido por informação ou porque está passando por uma situação que inspira cuidados e proteção.

Aos nove anos de idade, muitas meninas já estão passando por transformações nos seus corpos com a chegada da puberdade. As transformações no corpo dos meninos começam um pouco depois, aos dez e onze anos. Ambos começam a observar essas mudanças com um misto de sentimentos: medo, incerteza, alegria, satisfação, insegurança, dúvidas. Há uma confusão na mente deles: ao mesmo tempo que apreciam as mudanças, podem rejeitá-las.

Os sentimentos negativos podem ser administrados com educação sexual e todas as informações que você deve oferecer. Assim, fale positivamente sobre essas mudanças do corpo, sobre menstruação, tipos de relacionamentos e todos os outros assuntos que o seu filho trouxer e que são pertinentes.

Também há um perceptível aumento do interesse por atividades esportivas; então, se a sua criança ainda não pratica um esporte, esse é um bom momento para estimular alguma atividade. Da mesma forma, os sentimentos de generosidade, solidariedade e empatia são melhor desenvolvidos nessa fase. Assim, é válido realizar ações sociais com suas crianças.

Construa memórias afetivas por meio de experiências de amparo ao próximo. Que tal escolher uma comunidade, organização não governamental ou uma família para vocês realizarem uma ação solidária? Isso é altamente importante para a construção da base da afetividade da sexualidade infantil.

Também é nesse período que ocorre a internalização da moralidade e as regras sociais se tornam mais entendíveis, assim como os valores familiares estão mais solidificados. As crianças introjetam a moral e os valores positivos quando pais e cuidadores desenvolvem com elas relacionamentos de respeito mútuo, reciprocidade, empatia e amor.

Nessa fase, fale com seu filho sobre as leis que garantem o direito da criança e do adolescente. Explore ferramentas que abordem, de forma divertida, o Estatuto da Criança e do Adolescente (ECA) e a Declaração Universal dos Direitos Humanos na versão para crianças. No YouTube, há muitos conteúdos desse tipo. Também é o momento de falar sobre canais de denúncia em casos de violência contra a criança, os adolescentes, as mulheres, os idosos, os animais. Devemos formar crianças conscientes de seus corpos, de seus sentimentos, de seus relacionamentos e de seus direitos e deveres. Isso também é educação sexual.

9 a 10 anos: namoro

A partir dessa fase, as conversas sobre namoro tornam-se mais frequentes. As crianças começam a escolher "namoradinhos" na escola e podem chegar a trocar selinhos, ocasionalmente. Ao realizar trabalho de educação sexual em escolas, igrejas e outros ambientes, ouvi de muitas crianças perguntas sobre namoro. Em uma dessas ocasiões, uma garotinha de nove anos me disse que já namorava com o seu amigo de dez anos de idade. Eu perguntei a ela: "O que é namorar de verdade?". Ouvi como resposta: "Ah, é beijar na boca já colocando a língua. Só selinho é coisa de pirralha".

Essa mesma menina me relatou também que sua mãe afirmou que só vai deixá-la namorar quando começar a faculdade e que a mãe nem sonha que ela já está no segundo namoro sério. Sim, as crianças já falam sobre namoro nessa idade, e a maioria não tem um tom tão inocente quanto os pais imaginam. Ao contrário, as crianças têm informações tão profundas sobre sexualidade que até surpreendem. É importante lembrar que as crianças são muito erotizadas cotidianamente de várias formas, tema que iremos abordar com mais profundidade no capítulo 9.

Diante desse contexto, é essencial não perder tempo nem a oportunidade para conversar abertamente com a criança sobre sexualidade e sobre o que acontece na vida dela. Se você não realizar a educação sexual necessária, se não oferecer as informações de que ela precisa, a criança buscará as respostas para cada dúvida que tenha por conta própria. O problema é que as informações podem não ser tão seguras quanto aquelas que você pode fornecer.

Portanto, mantenha um canal aberto de diálogo e se prepare para responder a qualquer pergunta que a criança faça de forma tranquila e natural. Nessa fase, como ela já possui raciocínio crítico, as respostas precisam ser mais elaboradas, já que os pequenos não mais se satisfazem com explicações superficiais.

Quinta fase: 11 a 12 anos

Aqueles meninos e meninas que se distanciaram na fase anterior, agora fazem questão de ficarem mais juntos, mas cada um em seu grupo. Começam a falar palavrões ou gírias entre os amigos para se sentirem pertencentes ao grupo. Aos onze anos, o desejo de competir cresce, mas o de compartilhar também.

As crianças tendem a se interessar por jogos, sejam presenciais ou on-line, que requerem mais habilidades intelectuais, e que ganhar ou perder se torna mais emocionante. Esse é um bom momento para selecionar junto com a criança jogos mais saudáveis

— muitos daqueles on-line têm conteúdos sexualizados e de violência pesada, mas que, ainda sim, infelizmente fazem parte do cotidiano infantil.

É nessa fase que normalmente acontece o primeiro beijo na boca, e muitos se orgulham por não serem mais "BV" (sigla para "boca virgem"), assim como acontece uma pressão com aqueles que ainda são.

As mudanças no corpo são mais visíveis, com características sexuais secundárias se potencializando e o aumento da dualidade de sentimentos (apreço e rejeição) por essas transformações. O interesse por assuntos relacionados a namoro cresce. As conversas sobre sexualidade entre esses pré-adolescentes e adolescentes dessa idade rotineiramente incluem: sexo oral, sexo anal, sexo a dois e grupal, pornografia, nudes, drogas, tipos de métodos contraceptivos, relacionamentos LGBTQIAPN+, menstruação, masturbação, idade certa para começar a namorar, relacionamento entre adolescentes e pessoas mais velhas, gravidez, conflitos familiares, seus estados emocionais (ansiedade, depressão, pensamento suicida, desejo de sair de casa), séries, músicas, danças e jogos que estão em alta, além de assuntos e tendências das redes sociais que fazem parte do mundo deles.

O desenvolvimento da sexualidade infantil

Muitos pais e até alguns profissionais se assustam quando apresento essa realidade em palestras e treinamentos, pois enxergam seus filhos ainda como crianças inocentes só pelo fato de não levarem esses assuntos para dentro de casa. Contudo, muitos não comentam ou o fazem de forma superficial em casa porque não se sentem à vontade para falar com os pais e adultos responsáveis sobre temas assim, pois de alguma forma notaram que esses assuntos não são bem-vindos em sua casa ou perceberam os pais fugindo, inseguros ou sendo repressores em relação a esse conteúdo.

Por isso, convoco você a buscar conhecimento e se comprometer em ser o protagonista da educação sexual do seu filho. Durante esse processo, vá abordando todos esses temas de forma natural e leve, para que, assim, ele não tenha como referência somente as conversas com os amigos, o que a mídia expõe ou algum conteúdo que ela venha a pesquisar, na internet. Não deixe seu filho "se virar" sozinho. Ele precisa de você e está lhe aguardando com muitas questões, dúvidas e desejo de saber.

Principais dúvidas sobre sexualidade

Se você olhou rapidamente o sumário deste livro e veio direto para este capítulo, por favor, volte e comece a leitura desde o início, para que sua compreensão sobre o contexto da sexualidade infantil seja mais adequada. Você precisa do conhecimento básico sobre os fundamentos da sexualidade para oferecer educação sexual infantil eficiente.

Agora, focando no tema central deste capítulo, gostaria de compartilhar um ponto tranquilizador com os pais que é consenso entre os educadores sexuais: a criança pergunta a quem ela confia. Então, se uma criança lhe fez uma pergunta sobre sexualidade é sinal de que ela confia em você. E isso é motivo de orgulho. Por isso, abrace essa confiança. Além do mais, sempre que responder a uma criança, reflita sobre qual informação passou sobre corpo, sexo, sexualidade, emoções e sentimentos.

"Meu filho fez uma pergunta sobre sexo, como devo agir?"

Tenha calma. Quando a criança lhe fizer uma pergunta sobre sexualidade, não se desespere. Mesmo que seja uma pergunta que você não saiba o que falar, como agir ou quais palavras usar, respire fundo e passe para a próxima dica.

Devolva a pergunta à criança. Nunca responda uma dúvida sobre sexualidade sem primeiro ouvir o que ela já sabe sobre o assunto. Ao devolver a pergunta, você não apenas avalia a profundidade da dúvida, mas também cria um espaço para que a criança compartilhe seus pensamentos. Além disso, você terá até mais conteúdo e tempo para elaborar sua resposta. Outro benefício em saber o que a criança pensa sobre o assunto é que contribuímos para o desenvolvimento do pensamento dela, ou seja, estimulamos sua capacidade de pensar sobre o que sente e vê, e damos espaço para que expresse os próprios pensamentos. Se, ao devolver a pergunta, seu filho disser que não sabe nada sobre o assunto, inicie a resposta.

Busque responder à pergunta de maneira simples e objetiva, sem rodeios. Nesse contexto, considere a idade da criança. Quanto menos idade, mais objetiva deve ser a resposta. Com crianças entre dois e quatro anos, seja breve, mas sem dar respostas apressadas, como se fugisse da conversa. Se a criança tiver mais de cinco anos, você precisa lhe oferecer mais detalhes. A partir dessa fase, a criança consegue se concentrar melhor, compartilha experiências com os colegas e absorve informações do ambiente. Assim, a chance de ter dúvidas é bem maior.

Fale a verdade. Não importa a pergunta que a criança tenha feito sobre sexualidade, seja honesto. Jamais minta para ela. Quando a criança descobrir a verdade sobre aquilo que escondeu, poderá perder a confiança em você.

Cuidado com a sua reação. Suas atitudes são tão importantes quanto suas palavras. Responda com um tom de voz suave e, sempre que possível, olhe para a criança. Evite frases como: "Por que você está me perguntando isso?". Essa expressão, acompanhada de um tom de voz áspero, pode levar a criança a pensar que não deveria ter feito a pergunta. Atente-se à sua postura e aos sinais de espanto apresentados pelo seu rosto e corpo, como franzir a testa, arregalar os olhos ou levar as mãos à cabeça.

Não ignore a pergunta. Nenhuma dúvida de uma criança pode ser ignorada. Mudar de assunto, sair do ambiente que a criança está, fazer de conta que não ouviu, dizer que vai responder em outro dia e não cumprir são formas de ignorar a pergunta de seu filho.

Não passe a vez para o outro falar. Nada de brincar de "passa ou repassa" na hora de responder às perguntas sobre sexualidade, certo? Evite dizer: "Essa pergunta é melhor outra pessoa responder, porque eu não entendo sobre isso". Quando a criança percebe que seus pais ou responsáveis fogem do assunto, ela pode ficar insegura em relação a eles, passando a duvidar da capacidade que têm para responder. Isso tende a levar a criança a buscar respostas fora de casa. É importante destacar que os adultos de referência (pai, mãe ou quaisquer pessoas que desempenhem o papel de cuidadores principais) são igualmente responsáveis pela educação sexual das crianças.

Confirme se a dúvida foi esclarecida. Sempre que responder a uma questão, pergunte: "Ficou alguma dúvida? Você entendeu o que eu disse?". Além de responder, é fundamental deixar a criança à vontade para fazer mais perguntas, se ela achar necessário.

Aproveite esses momentos para conversar sobre outras questões. Estabelecer um diálogo com os filhos é fundamental, traz afinidade e fortalece a conexão afetiva.

Caso não saiba responder à pergunta sobre sexo que foi feita, seja sincero. As crianças são muito compreensivas quando percebem que somos verdadeiros e carinhosos. Diga a ela: "Que bom que você perguntou sobre esse assunto. Vou me preparar mais um pouco e, mais tarde [ou amanhã], respondo a essa pergunta para você de forma bem legal, combinado?". Nessa situação, a resposta pode ser adiada, porque o motivo é o seu preparo para responder com mais segurança. No entanto, o prazo prometido deve ser cumprido. E, lembre-se, não é porque a criança não voltou mais ao assunto que ela o esqueceu. Quando os pais demoram para responder ou não respondem, muitos podem recorrer ao Google ou YouTube para obter as respostas. O problema é que esses ambientes oferecem qualquer tipo de resposta e a criança pode ter contato com pornografia, o que acontece frequentemente.

Se a criança fizer uma pergunta sobre sexo em local público (elevador, festa, almoço em família), há duas opções. A primeira é dar uma resposta mais curta e objetiva, caso se sinta à vontade para isso. Mas, caso sinta-se muito constrangido, responda: "Interessante sua pergunta [ou o que disse]. Em casa conversamos melhor sobre isso e explico tudo para você".

Não diga que a criança não tem idade para saber sobre algo que perguntou. Toda criança que tem capacidade para perguntar algo, tem capacidade para ouvir a resposta. Contudo, essa resposta tem de ser adequada para sua idade.

Nunca fale que a sexualidade não é assunto para criança. Se ela perguntou, é porque aquele assunto já se tornou parte dela. A criança pode ter ouvido ou visto algo em algum lugar que gerou a dúvida. Ou, em situações mais graves, alguém pode ter feito algo com ela, como abusado. Muitas crianças que são abusadas fazem perguntas aos pais como forma de entender o abuso sofrido ou para "contar" o que está acontecendo.

Lembre-se: a sexualidade é a nossa esfera mais íntima. Se o seu filho conseguir falar sobre esse assunto com você, terá facilidade para falar sobre qualquer outro tema.

Principais dúvidas das crianças sobre sexualidade

1. "O que é sexo? O que é transar?"

A primeira coisa que os responsáveis precisam se lembrar em um momento como esse é que a criança não pensa nem vive a sexualidade como um adulto. Para crianças com até três anos, você pode responder: "Sexo é um carinho especial que acontece entre adultos. O casal se beija, se abraça, fica com os corpos bem juntinhos e fazem carinho um no outro".

Se a criança tiver entre quatro e cinco anos, você pode explicar: "Sexo é um carinho especial que acontece entre adultos. O casal se beija no rosto, na boca, se abraça, fica com os corpos bem juntinhos, faz carinho um no outro. É um carinho que o casal gosta de fazer quando está sozinho, principalmente no quarto, porque é um momento só do casal".

Com crianças com mais de seis anos, a resposta pode ser mais elaborada: "Sexo é um carinho especial que acontece entre os adultos. O homem e a mulher se abraçam, beijam no rosto, na boca. Eles gostam de ficar com os corpos bem juntinhos, mas tão juntinhos que podem até tirar suas roupas. Eles fazem muito carinho um no outro. Chega um momento que eles querem ficar mais juntos ainda. Aí, as partes íntimas, pênis e vulva, ficam bem juntinhas. Os dois gostam de todo esse carinho. E também é com esse carinho que os bebês são feitos. E esse é um tipo de carinho que só pode existir entre pessoas grandes, adultas. Crianças não podem dar e receber carinho na parte íntima. Ninguém pode brincar com suas partes íntimas e você não pode brincar com as partes íntimas de ninguém".

Normalmente, a partir dos oito anos, as crianças têm curiosidade sobre como é a relação sexual entre casais homoafetivos. É importante explicar de forma honesta e leve.

Caso seu filho tenha entre nove e dez anos, lembre-se de que nessa fase as crianças passam a falar sobre namoro, algumas já trocam beijos com amigos da escola, fazem pesquisas na internet sobre sexo, relacionamento etc. Elas se aprofundam nos temas da sexualidade porque começam a entrar no mundo da adolescência, embora não sejam ainda adolescentes.

Você pode enriquecer ainda mais a sua resposta — use imagens de livros de educação sexual. Tenha sempre o cuidado de buscar a informação adequada para que essa conversa seja tranquila e garanta que o conteúdo seja passado de forma correta para a criança.

Aproveite para falar que o sexo é bom, mas só pode ser praticado por adultos. Explique aos seus filhos que crianças não se envolvem em atividades sexuais com outras crianças, adolescentes e, muito menos, com adultos. Você pode, inclusive, usar a dinâmica do "balde que ensina", na página 183. Use essa oportunidade para instruir seus filhos sobre como se proteger contra o abuso sexual.

2. "Mamãe, como eu entrei na sua barriga? Como se faz um bebê?"

Desde o nascimento, a criança quer conhecer suas origens, e só se sente satisfeita quando descobre de onde ela veio. Assim, ela pergunta aos pais, professores e amiguinhos, fica atenta às conversas sobre gravidez, às cenas dos filmes, aos casais de namorados. Enfim, a criança irá buscar respostas.

De modo geral, os pais ou adultos responsáveis são as pessoas em quem as crianças mais confiam, por isso elas vão lhes perguntar como nascem os bebês, de onde eles vêm, como entram na barriga da mãe... Muitos pais se apavoram diante de tais perguntas e recorrem a histórias fantasiosas sobre o tema. Dizer que ela foi entregue pela cegonha ou que foi o papai quem deu uma sementinha para a mamãe e ela comeu não é o caminho correto a seguir. Dependendo da idade, essas respostas não vão convencer a criança e, o pior, irão enganá-la. Não podemos reproduzir ideias assim. Um dos princípios mais importantes da educação sexual é a honestidade.

    Caso a criança tenha até três ou quatro anos, você pode explicar: "Quando o bebê começa a existir na barriga da mamãe, ele é bem pequenininho, como se fosse do tamanho de um grão de feijão. E aí vai crescendo, crescendo... Quando fica grande, mais ou menos desse tamanho [mostrar com as mãos o tamanho aproximado de um recém-nascido], ele não cabe mais dentro da barriga da mãe. Então, ela vai para o hospital e o médico a ajuda a tirar o bebê de dentro da barriga dela".

    Se a criança tiver entre cinco e seis anos, você pode responder: "Quando um casal homem e mulher quer ter um bebê, eles fazem muito carinho, se beijam, se abraçam. Trocam muito carinho mesmo. Os corpos ficam bem juntinhos, mas tão juntinhos que em um momento sai de dentro do pênis (pipi) do homem uma célula que se chama espermatozoide e que parece uma sementinha. Então, ela entra pela vagina da mulher e vai parar dentro da barriga dela. Lá dentro tem outra célula que também parece uma sementinha, chamada óvulo. As duas células se juntam e começam a formar o bebê. Quando ele começa a existir, é bem pequenininho, como se fosse do tamanho de um grão de feijão. E aí vai crescendo, crescendo... Quando fica grande, mais ou menos desse tamanho [mostrar com as mãos o tamanho aproximado de um recém-nascido], ele não cabe mais dentro da barriga da mãe. Então, ela vai para o hospital e o médico a ajuda a tirar o bebê de dentro da barriga dela".

Com crianças acima dos sete anos, você pode dizer: "Quando o homem e mulher decidem ter um bebê, eles fazem bastante carinho, deitam na cama juntos, se abraçam, beijam bastante. Eles fazem muito carinho um no outro. Os corpos ficam bem juntinhos. E para isso, eles ficam sem roupas. Chega um momento que o pênis e a vulva ficam bem juntinhos também. Então, sai de dentro do pênis do homem uma célula que se chama espermatozoide e que parece uma sementinha. Então, ela entra pela vagina da mulher e vai parar dentro da barriga dela. Lá dentro tem outra célula que também parece uma sementinha, chamada óvulo. As duas células se juntam e começam a formar o bebê. Esse carinho especial se chama sexo, relação sexual, que só pode acontecer entre os adultos porque os corpos deles estão prontos para isso. Quando o bebê começa a existir, é bem pequenininho, como se fosse do tamanho de um grão de feijão. E aí vai crescendo, crescendo, dentro do útero. O útero é a primeira casa do bebê. Normalmente, o bebê fica nove meses na barriga da mãe para poder ficar pronto e ser completamente formado [mostrar no calendário o período de nove meses]. Então, a mãe vai para o hospital e o médico faz o parto, que pode ser natural ou cesariano [explicar os dois tipos de parto à criança]".

3. "Mamãe, como eu saí da sua barriga?"

Essa é uma ótima oportunidade para falar sobre o parto natural e cesariano. Se a criança perguntar se dói, diga a verdade: fale o que você sentiu, mas não de forma negativa. Você pode responder: "Doeu sim, filha. Mas fiquei muito feliz quando vi você!". Não precisa esconder algo que a incomodou nem fantasiar a gravidez e o momento do parto, mas é importante enfatizar o lado positivo.

Não fale em frente à criança que você sofreu demais no parto ou durante a gravidez, se foi o caso. Comentários assim tendem a gerar sentimento de culpa na criança por ter provocado dor à mãe. Na presença da criança também não se deve dizer que seu corpo foi transformado, em um sentido negativo, após o período da gestação ou da amamentação, pois isso também pode gerar sentimentos negativos na criança.

Se seu filho tiver entre três e quatro anos, e caso o parto tenha sido natural, você pode responder algo como: "Quando você estava prontinho para nascer, a mamãe foi para o hospital, deitou em uma cama especial e fez muita força. Aí você saiu da minha barriga pela minha parte íntima, que tem um buraquinho chamado vagina — que, no momento de você sair, ele aumentou um pouco mais de tamanho. Depois que você saiu, o buraquinho voltou ao tamanho normal. E eu fiquei muito feliz quando vi seu rostinho!".

Caso o parto tenha sido cesariano, vale a resposta: "Quando você estava prontinho para nascer, a mamãe foi para o hospital, deitou em uma cama especial e então o médico me deu uma injeção, chamada anestesia, para eu não sentir dor. Depois ele fez um corte com muito cuidado bem na parte debaixo da minha barriga [mostre a cicatriz para a criança]. Não doeu nadinha por causa da anestesia que eu tomei. Então, o médico, com muito cuidado, tirou você da minha barriga".

Adapte cada resposta de acordo com a realidade do seu parto (se foi na água, em casa etc). E, no final de cada resposta, inclua os aspectos afetivos e emocionais: "Fiquei muito emocionada quando vi seu rostinho pela primeira vez. Achei tão lindo. Meu coração ficou tão feliz! Foi um dia muito feliz para nossa família".

Já se a criança for um pouco mais velha, entre cinco e sete anos, você pode se aprofundar na resposta. Em caso de parto natural, pode dizer algo como: "Quando completou nove meses que estava na barriga da mamãe, você estava pronto para nascer. Então, o útero da mamãe fez movimentos para empurrar você para fora, a vagina esticou e se abriu. Então, você saiu. O médico ajudou a mamãe o tempo todo. Quando vi o seu rosto, fiquei muito feliz. Foi um dia muito especial para nossa família!".

Em caso de partos cesarianos, você pode responder: "Você estava dentro do útero da mamãe. No início, você era bem pequeninho, do tamanho de um grãozinho de feijão. Aí foi crescendo, crescendo... E quando já estava do tamanho de um bebê pronto para nascer, fui para o hospital. O médico deu uma injeção na mamãe, que se chama anestesia. Essa injeção foi para a mamãe não sentir dor. Depois, ele cortou minha barriga e tirou você. Foi um dia muito feliz!". Ao fim de cada resposta, lembre-se de perguntar: "Você entendeu? Tem mais alguma dúvida?".

Perceba que, além de responder à pergunta, é necessário falar sobre as emoções que foram vividas naquele momento, mostrando o quanto a criança é especial desde o nascimento. Se seu filho continuar apresentando interesse na conversa, explique a reação positiva de outros membros da família ao nascimento dele. As crianças gostam de ouvir sobre suas origens e sobre como foram recebidas.

Aliás, esse é um ponto fundamental da educação sexual: ensinar a criança a expressar os sentimentos e as emoções, apresentando o quanto ela é aceita pela família. Essa forma de responder vale também para quaisquer outras perguntas que a criança fizer.

4. "O que é camisinha?"

Para crianças entre quatro e seis anos, você pode responder: "Camisinha é uma capinha de borracha que o homem coloca no pênis. Assim como a gente usa calça para cobrir as pernas, boné para cobrir a cabeça, meias para os pés, o homem coloca, de vez em quando, essa camisinha no pênis, quando o casal não quer ter um bebê".

Caso a criança tenha mais de sete anos, você pode falar: "Camisinha, também chamada de preservativo, é uma capinha de borracha que se coloca no pênis quando o casal vai ter relação sexual. O pênis tem que estar duro para ela ser colocada. Quando termina a relação sexual, o sêmen fica dentro da camisinha, assim a mulher não engravida. Ela também protege as partes íntimas de bactérias". Com crianças acima de dez anos, complete a resposta mencionando a prevenção de ISTs.

Você também deve explicar que existe a camisinha feminina. O ideal é que você mostre alguma figura de camisinha masculina e feminina ou, se tiver uma em casa e se sentir à vontade, pode mostrá-las, para que assim fique mais compreensível para a criança.

5. "O que vocês fazem no quarto quando fecham a porta?"

Diante de uma pergunta como essa, muitos pais ou responsáveis pensam que a criança está querendo saber apenas sobre sexo. Algumas até já podem ter conversado sobre isso com seus amiguinhos, mas outras ficam curiosas para saber o que acontece no quarto quando a porta está fechada.

E você pode responder tranquilamente: "O quarto é um lugar muito especial para o casal. Nele, nós conversamos sobre assuntos só nossos, de nossa família, do nosso trabalho... Gostamos de ler, estudar, de ficar juntinhos, de namorar, de fazer carinho um no outro, de dormir... Fechamos a porta porque gostamos de ficar mais à vontade para podermos fazer tudo isso".

Aliás, esse tipo de pergunta é uma boa oportunidade para conversar com a criança sobre privacidade e momentos íntimos.

6. "Namorar é bom? Posso namorar você? Por que não posso namorar?"

Para perguntas como essas, é fundamental evidenciar que namorar é uma experiência boa, porém, reservada a adolescentes maiores e adultos.

Ressalte ainda que ninguém pode namorar os pais nem os irmãos.

Na conversa, destaque que criança não namora, nem mesmo de brincadeira. Criança tem amiguinhos com os quais pode brincar, estudar e passear, mas beijar na boca, não. Deixe claro que beijar na boca não é apropriado para a idade dela. Explique que para uma pessoa namorar, é preciso se preparar primeiro, pois trata-se de um relacionamento sério. E que quando acontece no tempo e de modo adequados, é bem especial. Aqui também cabe recorrer à dinâmica do balde que ensina, na página 183.

7. "Mamãe, você tem 'piu-piu'? Mamãe, seu 'piu-piu' caiu?"

É comum a criança entre três e quatro anos fazer esse tipo de pergunta. Como falamos anteriormente, a menina pensa que terá um pênis, e o menino tem medo de perder o dele. Por isso, sempre vale a pena responder a esse tipo de pergunta de maneira objetiva, direta e tranquila. Você pode dizer algo neste sentido: "Filha, meninos têm pênis e meninas têm vulva, não importa se são crianças ou adultos. Seu irmão tem pênis igual ao papai, e você tem vulva igual à mamãe".

A resposta pode parecer simples, mas quando entendemos o que está por trás da dúvida da criança, fica mais fácil de atingirmos um dos objetivos da educação sexual: acolher as emoções dela.

8. "Por que meu 'piu-piu' fica duro?"

Muitos pais se preocupam com as ereções espontâneas das crianças, mas são absolutamente normais. Bebês podem ter ereção, inclusive, desde o ventre materno — trata-se de uma reação totalmente fisiológica. Portanto, não devemos confundir ereção com vontade de fazer sexo.

Costumamos relacionar o pênis ereto à relação sexual, porque essa é uma reação comum nos adultos. Por isso, é importante dizer: não confunda a sexualidade infantil com a de um adulto. Inclusive, após os dois ou três anos de idade, é comum a criança ir mostrar aos cuidadores a sua ereção. Nesse momento, é importante não reprimir o comportamento, tampouco rir ou ridicularizar o episódio. A verdade é que a criança só quer entender como funciona seu corpo e suas sensações.

Quando isso acontecer, jamais reaja de forma negativa, seja em expressão facial ou tom de voz.

Também não brigue ou diga coisas como: "Isso que você veio mostrar é feio. É sujo!". Lembre-se de que não há desejo sexual na criança, como ocorre a partir da adolescência. Trata-se apenas de uma resposta a estímulos físicos.

Explique à criança, de maneira fisiológica, que a ereção é uma resposta natural do corpo. Que pode ocorrer devido à necessidade de fazer xixi, ao toque dos pais ou cuidadores durante a troca das fraldas ou até mesmo quando a própria criança se toca. É fundamental enfatizar que isso faz parte do funcionamento normal do corpo, sem conotações sexuais.

Quando uma situação dessa acontecer com crianças com menos de quatro anos de idade, você pode responder: "Filho, o seu pênis fica duro porque tem mais sangue entrando dentro dele, o que faz com que ele fique assim. Mas depois de um tempo, uma parte do sangue vai para outros lugares do corpo. Então, seu pênis volta a ficar mole. Isso é normal, é sinal de que você e seu pênis estão bem".

Caso a criança tenha mais de quatro anos, ela pode receber uma resposta mais detalhada: "Filho, o seu pênis fica duro e maior porque tem mais sangue entrando dentro dele, o que faz com que ele fique assim. Isso acontece quando você o toca ou quando está com vontade de fazer xixi. Mas, depois de um tempo, parte desse sangue vai para outros lugares do seu corpo. Então, seu pênis volta a ficar mole, do tamanho que estava antes. Isso é normal! É sinal de que você e seu pênis estão bem e saudáveis. E isso acontece com todos os meninos e homens adultos. Vai acontecer com você até você ficar grandão, durante toda sua vida! Pode ficar tranquilo quanto a isso".

Sendo assim, não precisa se preocupar com as ereções espontâneas nos meninos. O importante é observar a frequência com que ocorrem e se a criança fica muito focada nelas, falando constantemente sobre o assunto. Devemos ficar atentos se a criança apresentar algum comportamento realmente estranho, sexualizado, ou seja, se reproduzir cenas de sexo explícito, posições e carícias sexuais. Esse comportamento pode ser sinal de que ela tenha sido abusada por alguém ou assistido a algum conteúdo inapropriado para a idade dela.

Caso contrário a essas situações, foque em canalizar a energia da criança em atividades corporais — talvez ela precise de mais atenção de seus cuidadores e também gastar energia com atividades ao ar livre.

9. "Por que a minha 'linguinha' (clitóris) fica dura?"

Diante dessa pergunta, você pode dizer algo como: "Filha, essa 'linguinha' se chama clitóris, que fica perto do buraquinho do qual sai o xixi. Ela fica durinha quando é tocada, e você pode até sentir uma coceguinha. Isso é normal, pode ficar tranquila".

10. "Por que o bebê demora para sair da barriga?"

Para uma dúvida como essa, você pode responder: "O bebê precisa ficar alguns meses no útero da mamãe para que todo o seu corpo fique prontinho. O coração, o nariz, a boca, os olhos demoram a se formar. Por isso, ele precisa ficar dentro da barriga por nove meses. Quando todo o corpinho estiver formado, é hora de o bebê sair. Então, ele nasce". Se a criança que fez a pergunta tiver mais de cinco anos, você pode aproveitar para conversar sobre os tipos de parto e também sobre como os bebês são formados.

11. "Eu quero fazer um bebê para mim!"

Você pode abordar essa questão dessa forma: "Crianças não podem e não conseguem fazer bebês, porque é preciso ser um adulto para isso, ter um útero grande para guardar o bebê e ter seios para amamentar. Além disso, a concepção de um bebê envolve a relação entre um homem e uma mulher, ou seja, a mulher não consegue fazer um bebê sozinha. A pessoa precisa trabalhar para comprar roupas, comidas e remédios do bebê. Portanto, é preciso ser um adulto para ter um filho, porque ele precisa de cuidados especiais".

12. "Por que a mamãe tem cabelo na 'florzinha' (vulva) e eu não tenho?"

Você pode responder: "Filha, conforme crescemos, começam a nascer pelos em nossas partes íntimas, tanto nas meninas quanto nos meninos. Os pelos servem como proteção contra bactérias, que são organismos muito pequenos que podem causar infecções, e os pelos também ajudam a proteger a área sensível da vulva e vagina".

13. "Por que o pênis do papai é grande e o meu é pequeno?"

Para essa dúvida, você pode responder: "Conforme a gente vai crescendo, todas as partes do corpo crescem também. Vamos colocar nossos braços juntos: veja como o meu braço é maior do que o seu. Agora as pernas e a cabeça... Percebe como tudo em mim é maior? Da mesma forma, o pênis do papai é maior que o seu. Quando você crescer, o seu pênis, suas pernas, seus braços e todo seu corpo vai crescer também".

14. "Mamãe, por que você beija a boca do papai? Não acha nojento?"

Nesse caso, você pode dizer: "Beijar a boca é uma forma especial de os adultos demonstrarem carinho. Como eu amo o papai, gosto de beijá-lo. Os namorados também gostam. Não é nojento, mas a boca precisa estar limpinha". Aproveite para deixar nítido que crianças não beijam a boca de outras crianças nem de adultos. Só beijam a bochecha, a mão, a testa.

15. "Sexo dói?"

Diante dessa pergunta, você pode responder: "Quando estamos preparados e o sexo é feito com alguém que a gente gosta, não dói, não, filho. O sexo é bom e prazeroso, mas é importante que saiba que só pode ser feito por adultos. Crianças não podem ter relações sexuais com adultos nem com outras crianças".

É fundamental estabelecer esses pontos, pois são informações cruciais para a proteção contra o abuso sexual. A criança pode fazer essa pergunta por curiosidade comum da infância, mas também pode ser uma forma de ela contar que está sendo abusada. Portanto, manter-se sempre aberto para responder e incentivar o diálogo é essencial para criar um ambiente seguro e de confiança.

Quero reforçar que os pais ou cuidadores principais são os maiores responsáveis pela educação sexual de seus filhos. Para qualquer pergunta, a resposta deve refletir os valores da família. Algumas acreditam que o sexo só deve ser praticado após o casamento, outras pensam de maneira diferente.

Na sua abordagem, apresente objetivamente as suas convicções com honestidade e abertura para o diálogo, pois, no processo de educação sexual, devemos responder a cada pergunta ensinando valores e princípios para a vida.

Principais dúvidas dos pais sobre sexualidade infantil

Agora que já vimos algumas das perguntas mais comuns que as crianças fazem sobre sexualidade, também é válido trazer aquelas questões, dúvidas e situações que costumam deixar os adultos aflitos, sem saber o que fazer e como agir.

1. "Quando devo começar a educação sexual da minha criança?"

Desde o ventre já devemos iniciar a educação sexual, especialmente prestando atenção à maneira como conversamos com o bebê. Assim que ele nasce, já podemos falar sobre sexualidade, nomeando as partes do corpo com os termos adequados, pênis e vulva — falaremos mais sobre isso no próximo capítulo.

Também precisamos ter cuidado com o modo como nos comportamos durante a higiene da criança, referindo-se sempre de forma positiva. Por exemplo, você pode falar: "Vou trocar a sua fralda, pois ela está cheia", em vez de dizer que está suja. Ou ainda: "Vou limpar você, porque merece ficar bem limpinho. Afinal, você é muito especial, e o seu corpo também".

Quando demonstramos aversão a essas situações, a criança pode entender que, quando seu cuidador toca as partes íntimas dela, a reação é negativa, o que acarreta prejuízos ao desenvolvimento de sua sexualidade.

2. "Os filhos podem nos ver sem roupa ou podem tomar banho junto com a gente?"

Os profissionais têm opiniões diferentes quando o assunto é nudez na família. Alguns especialistas afirmam que, sendo do mesmo sexo (pai com o filho ou mãe com a filha), a nudez pode existir em qualquer faixa etária, caso os pais e a criança se sintam à vontade para isso. Já o filho tomar banho com a mãe ou a filha com o pai, há profissionais que concordam que a prática seja recomendada somente até os três anos de idade.

Já lidei com famílias que tratam a nudez com muita naturalidade: os pais tomam banho, fazem xixi, se trocam na frente dos filhos, andam nus pela casa e afirmam não perceber problema algum em agir assim. Em outras famílias, a intimidade é mais preservada, nas quais os momentos de se despir, se vestir e tomar banho são feitos em total privacidade. É importante destacar que cada família tem a liberdade de escolher o que fazer e como transmitir seus valores na educação sexual dos filhos.

Antes dos três anos de idade, os órgãos sexuais da criança são apenas uma parte do corpo como qualquer outra. Até essa idade, ela pode tomar banho com os seus responsáveis sem qualquer restrição. Se a criança demonstrar interesse em tocar as partes íntimas dos pais, é importante explicar que essas áreas são reservadas. Estabelecer limites desde cedo é essencial, pois ensina a criança a ter respeito pelo corpo do outro, oferecendo orientações cruciais para a prevenção do abuso sexual. Aproveite essas situações para falar algo do tipo: "Se alguém tentar tocar no seu bumbum, no seu pênis, na sua vulva ou nos seus peitinhos, corra e nos conte imediatamente".

A partir dos três anos de idade, a curiosidade da criança em relação às diferenças anatômicas dos órgãos genitais começa a surgir. Se, em sua família, você se sente confortável em ficar nu junto a seus filhos, esse pode ser um momento propício para explicar tais diferenças. Mas, se você adotou o posicionamento de não expor sua nudez ao seu filho, use desenhos ou imagens de livros de educação sexual infantil para mostrar o corpo nu, inclusive os órgãos genitais, do menino e da menina.

De qualquer forma, a nudez deve ser tratada com naturalidade na família. Isso não significa que os pais precisem ficar nus diante dos filhos, mas eles devem falar sobre o assunto sem receio.

A partir dos cinco anos, a criança passa a construir a noção de pudor, sendo comum pedir aos pais e aos irmãos que saiam do banheiro e que fechem a porta quando estiverem usando, que as deixem tomar banho sozinhas e pedem privacidade no quarto quando estão se trocando. É importante que os cuidadores respeitem o que a criança está pedindo (desde que a segurança dela não esteja em risco) e que entendam que está na hora de estabelecer limites mais evidentes, mas com sensibilidade.

Os adultos responsáveis pela educação da criança precisam entrar em consenso em relação à nudez, porque se um dos adultos trata com naturalidade e o outro como algo desrespeitoso, a compreensão da criança fica prejudicada. Assim, é melhor encontrarem um ponto de equilíbrio que seja adequado para toda a família. Em resumo, sendo o pai com o filho e a mãe com a filha, não há nenhum problema de exposição da nudez, independentemente da idade da criança, caso os pais e os filhos não apresentem nenhum desconforto. No caso de pai com filha e mãe com filho, até a idade de três anos da criança, também não há problema. Após essa idade, cada família pode estabelecer o nível de privacidade que achar melhor.

A partir dos oito ou nove anos de idade, a nudez dos pais (pai e filha; mãe e filho) pode causar sensações e sentimentos que as crianças podem não saber lidar. Porém, o objetivo aqui não é estabelecer normas para sua casa. Diante do exposto e de outras fontes seguras de conhecimento, escolha o que achar melhor para sua família.

3. "A criança pode ou não dormir no nosso quarto?"

A cama compartilhada — quando os filhos dormem na mesma cama que os pais —, ou quarto compartilhado — quando os filhos dormem no mesmo quarto — são assuntos muito discutidos e dividem opiniões entre psicólogos, pediatras, educadores etc.

Antes de começar, quero fazer um pedido: não critique ou julgue uma família por fazer ou não cama ou quarto compartilhados. Precisamos ser pais que apoiam e ajudam outros pais, que têm empatia e solidariedade. Sempre ressalto que, para decidir se vai aderir ou não ao sono compartilhado, os responsáveis precisam analisar o contexto familiar, considerar as necessidades da família e as da criança, independentemente da idade que tenha.

Além disso, é válido consultar pesquisas científicas sobre o assunto em questão, em vez de basear a decisão apenas nas experiências de outros cuidadores, amigos, familiares ou opiniões infundadas de profissionais.

Há estudos que apontam os benefícios da cama e quarto compartilhados. A *Attachment Parenting International* (API) — organização que busca promover práticas de criação de vínculos emocionais fortes e saudáveis entre pais e filhos — descreve alguns benefícios: "facilita, prolonga e encoraja o período da amamentação, pois a mãe não precisará se levantar várias vezes à noite; o bebê dorme melhor por sentir-se mais seguro e tende a chorar menos; a mãe dorme melhor por sentir que seu bebê está seguro e por não ter de levantar toda vez que ele acordar; impacta positivamente no desenvolvimento emocional da criança, por contribuir no fortalecimento do vínculo entre pais e bebê; entre outros fatores.".

Se a opção for por cama ou quarto compartilhado, é importante tomar algumas medidas de segurança:
- Antes de o bebê completar quatro meses de vida, não se deve colocá-lo na cama dos pais, mas sim em um berço acoplado à cama;

- Após os quatro meses, se o bebê dorme na cama, deve ser entre a parede e o adulto, preenchendo todos os espaços entre a cama, as paredes e a cabeceira;
- Dê preferência a um colchão mais firme (não use, por exemplo, colchões d'água). Não durma com a criança em sofás ou superfícies que não apresentem regularidade;
- Não coloque o bebê para dormir sozinho em uma cama de adulto, mesmo que seja apenas uma soneca;
- Babás e irmãos mais velhos não podem dormir com o bebê na cama;
- Pais que fumam, ingerem bebidas alcoólicas e que tomam medicação para dormir não devem fazer cama compartilhada com bebês;
- Se o bebê ou a criança dormir na cama ou no quarto do casal, os pais nunca devem ter relações sexuais no mesmo ambiente — mesmo que ela esteja dormindo. Uma criança que presencia ou mesmo ouve os adultos durante o sexo poderá desenvolver sérios problemas psicológicos, acarretando impactos negativos em seu desenvolvimento emocional e sexual. Alguns desses

traumas são semelhantes àqueles causados pelo abuso sexual;
- A cama compartilhada feita de forma segura não prejudica o bebê ou a criança, não a torna dependente para além do normal da dependência que os filhos têm dos pais. Ao contrário, traz muitos benefícios ao desenvolvimento emocional, físico e psicológico da criança, contribuindo para o processo de autonomia na infância e na vida adulta;
- Caso você tenha optado por não fazer cama ou quarto compartilhado, jamais deixe o seu filho chorando sozinho no quarto e nunca negue a um pedido de consolo ou ajuda diante de algum medo. Em hipótese alguma, deve-se ignorar uma criança que solicita nossa presença e colo durante a madrugada ou em qualquer momento da vida.

4. "Posso fazer brincadeiras a respeito das partes íntimas das crianças?"

De jeito nenhum. Desde bebê, deve ficar explicado para seu filho que ninguém pode brincar com as partes íntimas de ninguém. Esse tipo de brincadeira atrapalha a formação de conceitos básicos da educação sexual, como intimidade, privacidade e consentimento. Além disso, pode levar a criança a repetir a brincadeira com outras crianças e adultos. Também pode erotizá-la e torná-la mais vulnerável ao abuso sexual, pois esse tipo de comportamento já estará normalizado como permitido na mente delas.

5. "No banho, como lidar quando notar que o pênis do meu filho está ereto?"

O ideal é não fazer comentários brincando com a situação, pois isso pode supervalorizar a ereção e constranger a criança. Em vez disso, se a criança mostrar ou perguntar algo a você, explique o porquê de aquilo acontecer. Esse é um bom momento para apresentar também os conceitos de público e privado, explicando que muitas coisas fazemos em lugares reservados, como por exemplo fazer xixi, cocô, coçar os genitais. Explique que essas ações devem ser feitas em um lugar mais íntimo, mais privativo. Dessa forma, quando você conversar com ela sobre este assunto, a criança vai compreender com mais facilidade que a relação sexual também faz parte da intimidade dos seus pais. Assim, constrói-se a educação sexual com um ensinamento dando base e suporte a outro.

6. "Meu filho [minha filha] se masturba. O que devo fazer? Isso é normal?"

A masturbação infantil causa muito mal-estar e preocupação aos pais, cuidadores, professores e outros profissionais, porque já imaginam que a criança tenha algum distúrbio sexual. A menina, normalmente, se masturba estimulando a vulva e o clitóris com as mãos, se esfregando em objetos (cadeira, cama, sofá, almofadas) ou até com os calcanhares. Já os meninos massageiam ou friccionam o pênis em objetos.

Para começar, é importante que você saiba que a masturbação infantil (o toque nos genitais) é diferente da masturbação do adulto. A masturbação do adulto é alimentada por fantasias sexuais, por experiências sexuais já vividas, por imagens, fotos etc. Já a criança está em processo de exploração do próprio corpo, quer conhecer como funciona a parte íntima. Trata-se de um processo de autoconhecimento e uma exploração sensorial, na qual a criança deseja conhecer a textura, o volume da vulva/pênis.

Ao tocar-se, a criança percebe que sente uma sensação diferente, boa. Assim, ela continua se tocando porque essa sensação agradável lhe dá prazer. Mas não se deve confundir orgasmo do adulto com o prazer infantil. Esse toque de autoconhecimento nas genitálias, como em qualquer parte do corpo, é normal, esperado e faz parte do seu desenvolvimento sexual e emocional.

Os pais devem se preocupar quando o toque for excessivo, compulsivo, ou quando a criança se toca ao ponto de se machucar e não conseguir parar, ou ainda quando frequentemente desvia a atenção e a energia dela de suas atividades, brincadeiras e relacionamentos.

Atente-se apenas quando o toque ultrapassar o desejo da criança de conhecer o seu próprio corpo, provocando comportamentos que não condizem com a sua idade.

Além disso, é importante compreender que crianças que se masturbam compulsivamente podem estar apresentando alguma angústia, ansiedade ou, ainda, podem estar sendo abusadas ou tendo acesso a conteúdos erotizados.

A verdade é que a criança sempre nos mostra quando está sofrendo, mas recorre às palavras apenas em último caso. Ou seja, é por meio do comportamento que ela expressa suas dores, e os pais e adultos responsáveis precisam estar atentos.

Situações que podem levar a criança à masturbação compulsiva:
- Gravidez da mãe ou nascimento de um irmão — ela pode se sentir abandonada;
- Carência da presença de um de seus pais (ou de ambos);
- Solidão, muito tédio ou hiperestimulação;
- Abuso sexual, acesso a conteúdo erotizado ou pornográfico ou ainda presenciar os pais fazendo sexo;
- Erotização da criança;
- Separação dos pais;
- Conflitos familiares (discussões, brigas, desrespeito entre os membros da família);
- Insegurança e ansiedade;
- Violência física e/ou psicológica. Em contexto familiar, pode ser sinal de agressões verbais, ameaças, humilhações, surras, castigos. Na escola, pode significar bullying ou rejeição.

Essas situações podem trazer angústia à criança, que passa a se masturbar na tentativa de descarregar a tensão ou de fugir de alguma situação confusa. Assim, busca algo que a faça se sentir bem. Diante dessa realidade, os responsáveis não devem se preocupar somente com a masturbação em si, mas buscar saber o que leva a criança a se comportar daquela maneira. Analise o contexto familiar e escolar dela.

Se a criança estiver se tocando apenas como descoberta dos órgãos sexuais, não se desespere nem brigue, castigue, bata ou a ameace. Também não diga que está fazendo algo feio, tampouco a faça prometer que não fará algo assim de novo.

Mas, caso você perceba que se trata de uma masturbação compulsiva, adote as medidas orientadas anteriormente, mas também acrescente:

- Procurar ajuda de um psicólogo;
- Dedicar mais tempo à criança;
- Oferecer mais carinho e afeto a ela;
- Conversar e escutar com atenção o que ela diz;
- Investir em brincadeiras que movimentem mais o corpo, como correr, saltar, percorrer circuitos, estar em contato com a natureza etc;
- Estimular exercícios de respiração.

É válido destacar que, quando os pais agem de maneira violenta, ameaçadora e punitiva ou ainda transmitem uma mensagem de vergonha, acabam bloqueando a comunicação com a criança, provocam distanciamento dos filhos e perdem uma grande oportunidade para realizar a educação sexual.

Aliás, caso algum comportamento sexual do seu filho lhe causar preocupação e você agir de forma negativa, poderá piorar a situação, gerando sentimento de culpa na criança. Ela também poderá achar que seu corpo (ou parte dele) é inadequado, sujo e feio.

O toque de descoberta dos genitais durante a infância não deve ser considerado um problema, mas uma reação negativa dos pais pode exercer impacto direto no desenvolvimento emocional e sexual da criança. Portanto, os cuidadores devem agir de forma natural diante da situação, estabelecendo os limites saudáveis e instruindo a criança sobre regras e cuidados, como: "Nossas partes íntimas são partes mais sensíveis, que merecem cuidados especiais. Por exemplo, se tocar forte pode machucar. E, assim como não podemos colocar as mãos sujas nos olhos e na boca, também não podemos tocar dessa forma em nossas partes íntimas, pois bichinhos podem deixá-las doentes. Então, quando for tocá-las para limpar, coçar ou em qualquer outro momento, você precisa lavar as mãos e tocar com cuidado".

Nesse momento, também é importante ensinar sobre intimidade: "Não podemos tocar em nossas partes íntimas (limpar, coçar, colocar a mão dentro da roupa) na frente de outras pessoas, porque elas fazem parte da nossa intimidade. Você já viu a mamãe ou o papai [ou o adulto responsável pela criança] tocando a parte íntima na frente de todo mundo?".

Em algumas situações, os pais também podem optar pelo seguinte redirecionamento caso percebam que a criança está se tocando de forma excessiva ou em público: "Ei, vamos brincar? Vamos colocar uma música que você gosta para dançar? Que tal fazermos um desenho bem legal?".

7. "Por que meu filho olha as partes íntimas de outras crianças?"

É importante retomar o conceito de que a sexualidade na infância não tem ligação com o ato sexual em si. Dessa forma, quando duas crianças mostram as partes íntimas uma para a outra, elas não estão pensando em sexo.

Muitas vezes, elas querem se livrar de uma angústia, como o medo de que o órgão sexual vai cair ou nascer. Pode ser também que elas estejam apenas curiosas, querendo conhecer as diferenças entre os corpos. Isso ocorre porque, como as crianças podem ver as diferentes partes do corpo humano e percebem as suas diferenças (por exemplo, cabelos curtos ou compridos, olhos de cores diferentes etc.), elas se questionam sobre as partes íntimas: "Será que a de todo mundo é igual?".

Se em casa os adultos não conversam sobre o tema e ainda têm uma postura inadequada e repressora a respeito da sexualidade, adotando frases como "Tira essa mão daí, menina", "Que coisa feia", "Isso é sujo" ou ainda "Não pode!", a criança tenta desvendar esse mundo sozinha, lidando por conta própria com angústias e ansiedade.

8. "Posso beijar a boca dos meus filhos como forma de carinho?"

Em muitas famílias, é comum os pais darem beijos tipo "selinho" na boca dos filhos. Alguns cuidadores e profissionais dizem que não veem problema nisso e que se trata de uma forma de expressar carinho e afeto. Porém, muitos especialistas concordam que se trata de uma prática desnecessária na relação com os filhos.

Sobre essa questão, alguns pontos merecem ser discutidos. De forma geral, na conjuntura social brasileira, o beijo na boca é uma carícia que faz parte de relacionamentos de cunho erótico, como namoros, noivados e casamentos. Você, por exemplo, tem um carinho muito especial por seus amigos e irmãos, mas provavelmente o expressa por meio de abraços, beijos no rosto, conversas. Não com beijos na boca. Afinal, cada relação tem sua forma específica de demonstração de afetos, e é importante deixar isso bem explicado para a criança.

Além disso, a boca é uma zona erógena, e a criança pode ser estimulada com um "selinho" dos pais, principalmente em crianças maiores. Também pode causar confusão na capacidade de compreensão da criança, o que pode estimular jogos sexuais. Por exemplo, uma criança pode começar a beijar a boca de outra criança, já que a mãe ou o pai faz o mesmo com ela.

Outra questão é que esse comportamento pode dar espaço para o abuso sexual. Como a criança recebe beijos dos cuidadores, pode não rejeitar quando outro adulto a beijar na boca, inclusive membros da família, como tios e primos. É preciso ponderar esse fato, já que, de acordo com o Anuário Brasileiro de

Segurança Pública, de 2023, 82,7% dos abusadores são familiares, vizinhos e pessoas que convivem com a criança, o que faz com que ela confunda facilmente abuso com afeto. Assim, oriento a pais ou cuidadores a ensinar ao filho que nenhuma criança ou adulto pode beijá-lo na boca.

Não significa que, com certeza, o selinho vai gerar tudo isso, mas existe um risco. Portanto, cada família deve avaliar se vale a pena arriscar, uma vez que existem tantas outras formas de expressar carinho à criança. A partir dessa reflexão, deve-se tomar uma decisão.

Há ainda crianças que se chateiam quando veem os pais se beijando. Tentam separá-los, dizendo "a mamãe é minha!" ou "o papai é meu!". Quando a criança agir desse jeito, é importante os pais não ficarem fazendo pirraça ou ridicularizando o ciúme sentido pela criança. Eles devem acolher as emoções dela e explicar que eles gostam de dar e receber carinho daquela forma também.

As demonstrações de afeto entre o casal na frente dos filhos transmitem segurança para eles e contribuem diretamente para a formação do conceito de amor na mente das crianças.

9. "Meu filho flagrou uma cena de sexo. O que devo fazer?"

Quando a criança que presencia essa cena tem entre dois e cinco anos, ela tem a impressão de que os pais estão se machucando. Se a questão não for bem trabalhada, pode causar muita angústia e até traumas. Se uma situação do tipo acontecer, os pais devem ficar calmos, sem gritar, brigar ou repreender a criança.

A primeira coisa a ser feita é pedir licença à criança, se vestir e perguntar o que ela acha que viu. Assim, será mais fácil começar a conversa a partir do que ela entendeu sobre a cena. Em seguida, explique que vocês estavam trocando carinhos especiais e diga que ambos estão bem e que estavam gostando de receber aqueles carinhos. Tranquilize seu filho.

Se a criança tiver entre seis e oito anos, provavelmente ela já terá alguma informação sobre sexo, mas ainda pode associar a um ato de violência, especialmente contra a mãe. Essa é uma oportunidade para falar sobre sexualidade, sexo e emoções. Já entre nove e doze anos, é mais provável que a criança entenda o que viu, porque tem mais conhecimento sobre relação sexual. É comum ela sentir nojo e achar feio. Adote as atitudes recomendadas anteriormente e explique com mais detalhes o que é sexo e a sua importância para a vida do casal, trazendo sempre aspectos emocionais, tais como expressão de carinho, amor e união.

Algumas orientações para preservar a privacidade do casal e evitar que a criança presencie ou ouça momentos íntimos são:

- Mantenha a porta do cômodo em que estão tendo relação sexual fechada e trancada com chave;
- Cuidado com buracos de fechaduras muito largos;
- Não tenha relações sexuais no mesmo ambiente que a criança estiver, mesmo que aparente estar dormindo (ela pode estar fingindo ou acordar no meio do ato);
- Cuidado com ruídos e gemidos altos durante a relação sexual. Apenas ouvir os pais fazendo sexo pode trazer sérios traumas às crianças e aos adolescentes.

10. "Meu filho já tem nove anos e ainda não fez nenhuma pergunta sobre sexo. Isso é normal?"

Alguns pais se sentem orgulhosos por seus filhos não perguntarem ou não demonstrarem interesse em assuntos que envolvam a sexualidade. Na verdade, isso é preocupante!

Desde muito cedo, a criança tem curiosidade sobre a sua origem, como nasceu, como são feitos os bebês, o que é sexo, quer saber sobre os órgãos genitais etc. É praticamente impossível ela não ter nenhuma dúvida ou desejo de saber informações ligadas à sexualidade aos nove anos de idade.

Se nenhuma dúvida surgiu ainda, pode ser que a criança tenha entendido que não é adequado fazer perguntas desse tipo. Possivelmente, ela não sente abertura dos responsáveis ou não confia neles para expressar o que pensa e o que deseja saber sobre o assunto. Pode ser também que a criança já tenha recebido ou procurado por alguma informação fora de casa, com amigos, pesquisando na internet etc.

Então, não perca tempo. Se seu filho tem mais de seis anos e ainda não perguntou nada, recomendo que aproveite situações cotidianas para discutir esses assuntos, como mulheres grávidas, o nascimento de um bebê, cenas de beijos e abraços em um filme, animais acasalando, nascimento do gato ou cachorro, hora do banho, troca de roupas, ida a pediatras, visita a um recém-nascido. Nesses momentos, fale com a criança sobre as partes íntimas, o cuidado e a proteção do corpo, de onde vêm os bebês etc.

Você também pode colocar em locais visíveis — na estante da sala ou no sofá — figuras do corpo humano, imagens de uma mulher grávida que mostre o bebê dentro do útero em várias fases de desenvolvimento... Isso pode suscitar algumas dúvidas que serão o pontapé para uma boa conversa sobre sexualidade com a criança. Mas tenha calma para abordar esse assunto. Não pergunte diretamente a ela: "Você tem alguma dúvida sobre namoro, sexo, partes íntimas? Se quiser saber alguma coisa é só perguntar, tá?". Isso pode assustá-la ou constrangê-la.

Outra excelente forma de iniciar a conversa é por meio de livros de educação sexual infantil. Leia-os com seus filhos. Muitas perguntas, trocas e emoções podem surgir em momentos como esse.

Como falar sobre partes íntimas com as crianças?

Muitas famílias falam com tranquilidade sobre diferentes partes do corpo humano, como cabelo, nariz, perna, coração, pulmão etc. E mesmo que não saibam responder a alguma pergunta que a criança faça sobre esses temas, não ficam desesperadas ou com medo de responder de forma errada.

Mas, quando se trata de órgãos genitais, é nítida a dificuldade de até mesmo chamá-los pelos nomes corretos — pênis, vulva e vagina. Os pais costumam considerar esses nomes feios ou mesmo agressivos para ensiná-los a uma criança. Isso acontece porque a maioria deles recebeu uma educação sexual inadequada, que apresentou conceitos negativos sobre as genitálias.

Os termos "feias", "sujas", "fedidas" e "esquisitas" foram por muito tempo e ainda são usados por pais e até profissionais para se referirem às partes íntimas.

Além disso, existe uma forte tendência em associar pênis, vulva e vagina ao ato sexual em si.

Então, esse é o momento de você começar a construir uma visão diferente dessas partes do seu corpo e passar para sua criança uma percepção mais positiva. Isso começa desde a maneira como a nomeamos, chamando-as por apelidos. Tanto que várias pessoas (sejam homens ou mulheres) não sabem o nome da genitália feminina. Muitas pensam que é vagina, mas não é. É vulva. A região externa, a região que lavamos, se chama vulva. A vagina é só o canal interno por onde sai o sangue menstrual, por onde entra o pênis na relação sexual e por onde sai o bebê no parto natural.

Esse desconhecimento equivale a não saber que o braço se chama braço ou que o joelho se chama joelho. Imagine uma criança de dez anos não saber que o pé se chama pé. Você acharia normal? Acredito que não. Por que achamos normal crianças e até adultos não saberem o nome correto de uma parte íntima do corpo? Essa dificuldade com a nomenclatura correta abre margem a apelidos às partes íntimas, como xoxota, pitoca, pepeca, pinto, xereca, piu-piu, florzinha, peru, entre tantos outros.

É importante frisar que não estou dizendo que é proibido nos referirmos às partes íntimas com apelidos. O que pretendo colocar em reflexão se refere à forma negativa e à resistência que temos de falar os nomes adequados e conversar sobre as genitálias. Se falamos com a criança sobre todo o corpo de forma natural e espontânea, mas mostramos desconforto e receio para falar sobre o pênis e a vulva, podemos passar a ideia de que no corpo dela existe uma região que é tão proibida e inadequada que não devemos chamá-la pelo nome correto, muito menos conhecê-la. Esse comportamento pode fazer a criança associar o modo como sua genitália é tratada em sua família ao contexto da sua sexualidade e, com isso, formar um conceito negativo sobre o sexo e a sexualidade em si.

Certa vez, durante uma palestra, uma mãe relatou que, enquanto esperava para ser atendida pela ginecologista, sua filha de seis anos foi até a mesa da recepção do consultório, pegou um folheto que explicava sobre métodos contraceptivos e começou a ler. Então, do outro lado da recepção, perguntou: "Mamãe, o que é vagina?". Totalmente envergonhada, a mãe disse que não sabia o que fazer. Se respondia ou não, se falava em público ou em particular com a criança. Naquele momento, ficou calada e apenas sorriu junto às várias outras mulheres que estavam naquele local. A menina, envergonhada, abaixou a cabeça e se calou. Quando foram embora, a mãe disse à filha: "Nunca mais me pergunte sobre isso na frente de outras pessoas".

Se a situação tivesse acontecido com você, o que faria? Vale lembrar que as crianças encaram a sexualidade de modo natural desde que não destruamos essa percepção, tratando o assunto com tensão e insegurança.

Essa mãe em questão poderia dizer: "Filha, venha perto de mim para eu lhe explicar. Esse é o nome da parte de dentro da sua 'xoxota' [este era o nome que ela havia ensinado para a filha]. É o buraquinho que fica perto do outro buraquinho pelo qual sai o xixi". Se ela já tivesse explicado sobre como o bebê sai da barriga, poderia complementar: "É o mesmo lugar pelo qual sai o bebê quando o parto é natural". Se ainda não tivesse explicado sobre os tipos de parto, seria um bom momento para fazê-lo. Mas, se não se sentisse confortável para falar naquele momento, poderia apenas dizer: "Quando chegarmos em casa, explico direitinho para você, filha".

Como falar sobre partes íntimas com as crianças?

Assim, considero importante chamar os órgãos genitais (vulva e pênis) pelos seus nomes corretos, referindo-se a eles de forma positiva. Mas se você não se sente confortável e está acostumado aos apelidos ensinados à sua criança, tenho uma dica valiosa: em algum momento, ensine os nomes verdadeiros. Durante o banho, por exemplo, quando você usar o apelido, fale em seguida o nome real: "Filho, lave seu 'piu-piu', seu pênis", "Filha, enxugue bem a 'pepeca', a vulva". O ideal é você falar de uma forma com a qual se sinta à vontade e seguro, mas lembre-se de que seu filho precisa ouvir de você os nomes corretos.

Você também pode desenvolver o seguinte diálogo: "Você sabia que o nome verdadeiro do seu pinto é pênis/da sua pepeca é vulva? É isso mesmo. Aqui nós chamamos de pinto/pepeca porque damos um apelido. Assim como sua tia Daniele, que a gente colocou o apelido de Dani, ou então o tio José, que nós chamamos de Zé [cite alguém que a criança conhece e que tenha algum apelido]. Mas saiba que o nome de verdade é pênis/vulva, tá bom?!".

É importante no processo de educação sexual sempre trazer exemplos cotidianos para exemplificar melhor e fixar o aprendizado. E se for o seu desejo, aos poucos, abandone o apelido e comece a falar somente vulva e pênis. Mas é interessante fazer essa troca de maneira gradual.

Qual é a visão que você tem sobre as suas partes íntimas? É positiva? Negativa? Tem vergonha delas? Acha feias e esquisitas? Que tal começar a apreciá-las e, com isso, desenvolver uma relação e percepção positiva e saudável a respeito delas? Isso é transformador para sua vida sexual e vai ajudar na educação sexual de sua criança.

Não fale das partes íntimas da sua criança para outras pessoas

Intimidade e privacidade são conceitos fundamentais que devem ser ensinados às crianças, desde bebês, para a realização adequada da educação sexual e prevenção ao abuso. Infelizmente, é muito comum os pais conversarem, na maioria das vezes, de forma "engraçada" sobre as genitálias dos filhos com familiares e amigos.

Mesmo que os adultos façam sem intenção de causar prejuízo à criança, há inúmeros motivos para não adotar esse comportamento:

Como falar sobre partes íntimas com as crianças?

- As nossas partes íntimas são íntimas, e por isso não é qualquer pessoa que pode saber sobre elas;
- Deve-se preservar e respeitar a intimidade e a privacidade das crianças;
- As crianças ficam muito constrangidas porque, na maioria das vezes, os pais e familiares fazem comentários como: "Olha como os peitinhos dela estão crescendo!", "Já está nascendo pelos no saco [ou na pepeca]", "Minha filha menstruou, já é mocinha!", "Esse menino está com um pinto grande; olha o tamanho desse saco!", entre outros;
- Dificulta a aprendizagem da criança em relação aos conceitos de público, privado, intimidade, consentimento, respeito — termos fundamentais para a formação sexual infantil adequada e, especialmente, para a prevenção do abuso sexual;
- Falar sobre o corpo e a genitália da criança pode chamar ainda mais a atenção de abusadores sexuais.

Expor a intimidade da criança não é uma atitude respeitosa, mas isso não significa que devemos transformar esse assunto em tabu. Quem gostaria que sua genitália se tornasse o assunto do almoço de domingo ou fosse alvo de piadas? Por que, quando é com as crianças, muitas pessoas acham normal determinados comportamentos?

Como ensinar à criança o que são partes íntimas?

1. Ensine que tudo o que é coberto com cueca, sunga, calcinha, sutiã e biquíni são partes íntimas;
2. Ensine que as partes íntimas têm nome: pênis, vulva, vagina, ânus, bumbum, mamilos, peitos;
3. Explique que as partes íntimas são tão especiais que existem peças de roupa só para elas;
4. Ensine para a criança qual é a "rede de proteção" dela. Mãe, pai, irmão, irmã, professora, médico — depende de cada contexto familiar;
5. Fale que ninguém, fora da rede de proteção, pode tocar as partes íntimas da criança. Se isso acontecer, ela deve contar para alguém da rede de proteção dela;
6. Ensine que não se deve tocar as partes íntimas de ninguém, mesmo que outra criança ou adulto peça para fazê-lo;
7. Explique que somente quem cuida dela pode tocar suas partes íntimas, e apenas para higienizar,

cuidar e passar remédio, ou seja, para brincar, jamais! Diga que nem papai, mamãe, vovó, vovô, tia, tio, irmão ou qualquer outra pessoa pode brincar com as partes íntimas dela;
8. Fale para a criança que nenhum toque nas partes íntimas deve ficar em segredo. Explique que, se alguém tocá-la e pedir que não conte a ninguém, significa que essa pessoa é alguém que não quer o bem dela.

Além dessas orientações, é importante evitar dizer à criança que *ninguém* pode tocar em suas partes íntimas. Essa afirmação não é verdadeira. Sempre haverá situações em que alguém, além de você, como a professora da escola, a babá, a pediatra ou outro médico, pode precisar realizar esse tipo de contato. Por isso, é fundamental que a criança saiba tudo sobre o toque nas partes íntimas e em outras partes do corpo.

Assim, ensine a ela quem pode, quando pode e como pode tocar em suas partes íntimas, da seguinte forma:

Quem pode: nomeie junto à criança as pessoas que fazem parte da rede de proteção dela, aquelas pessoas que compõem a sua rede de apoio, como explicado anteriormente;

Quando pode: mesmo fazendo parte da rede de proteção, explique à criança quais são os momentos que essas pessoas podem tocá-la, como durante o banho para lavá-la, para higienizar após o xixi e o cocô, para passar algum remédio (se necessário), exame da pediatra etc.;

Como pode: explique à criança como deve ser esse toque de cuidado. Ela precisa saber que é um toque rápido (só o tempo de limpar, lavar, examinar) e não pode ficar em segredo. É muito importante que a criança entenda que nenhum toque em seu corpo ou qualquer outra interação deve ficar em segredo (falarei mais sobre diferentes tipos de segredo no capítulo 10).

Com essas orientações, a criança começa a compreender o conceito de limite corporal e aprende que ninguém pode brincar com as partes íntimas dela — nem ela pode brincar com as de outra pessoa, seja criança ou adulto. Dessa forma, estará mais consciente sobre autoproteção.

Como falar sobre menstruação

"A mamãe se cortou?", "A mamãe está doente?", "A mamãe vai morrer?", "Por que mamãe usa fraldas?" Essas são algumas das perguntas mais comuns que as crianças fazem quando se deparam com o tema menstruação em seu cotidiano familiar.

A criança facilmente associa sangue a doença, morte e dor. Por isso, desde cedo, temos de conversar, de maneira leve e verdadeira, sobre o funcionamento do corpo como um todo, e isso inclui falar sobre menstruação com meninas e meninos.

Sempre passe uma visão positiva à criança sobre o tema, apontando que se trata de algo natural do corpo da mulher. Você pode explicar: "A menstruação é um pouco de sangue que sai do corpo da mulher uma vez por mês. Como o corpo não precisa desse sangue, ele sai pela vagina. Não precisa se preocupar, porque é um processo normal e saudável.

É sinal de que a mulher está bem e de que seu corpo está funcionando direitinho. Para não molhar a calcinha com sangue, é preciso usar um absorvente, que é como se fosse uma fraldinha".

Se você usa calcinha absorvente, coletor ou outro tipo de absorvente, adapte a resposta. Inclusive, a criança com sete ou oito anos já precisa saber sobre os diferentes tipos que existem.

Para crianças com mais de seis anos, você pode explicar: "Todo mês, o corpo da mulher se prepara para a formação de um bebê. Quando ela não engravida, o útero, que é uma parte do corpo feminino, produz e elimina pela vagina um pouco de sangue do qual o corpo não vai precisar. Por causa disso, uma vez por mês, a mulher fica menstruada, por cerca de três a cinco dias normalmente. Isso é natural e saudável. É sinal de que a mulher está bem e de que seu corpo funciona direitinho. Então, para não molhar a calcinha de sangue, ela usa absorvente".

Lembre-se de que, antes de responder a qualquer questão sobre sexualidade, você deve devolver a pergunta à criança: "O que você acha que é menstruação?". Assim, você irá descobrir o que ela já sabe sobre o assunto e poderá esclarecer as dúvidas dela.

Se a criança não souber como uma mulher engravida, pode ser que ela faça essa pergunta logo depois que você der a resposta sobre a menstruação. E é bom que aconteça! Aproveite o momento para lhe ensinar isso — aliás, mesmo que a criança não pergunte, vale a explicação.

Para o processo ficar ainda mais interativo, durante a conversa, você pode mostrar à criança como se usa o absorvente tradicional. Fica mais fácil para ela entender. Você também pode pesquisar na internet algum vídeo sobre o processo fisiológico da menstruação (ovulação, endométrio etc.) para apresentar às crianças maiores. Em geral, elas costumam ter fascínio pelos "mistérios" do corpo humano.

Por fim, fale da menstruação de forma positiva, como um processo natural do corpo feminino. Muitas meninas desenvolvem receios em relação à menstruação por ouvirem comentários negativos sobre o assunto ou por falta de informação desde muito pequenas. Além disso, muitos homens já adultos não sabem lidar com a menstruação das irmãs, amigas ou companheiras por terem construído uma percepção negativa sobre "a mulher menstruada" e a menstruação em si.

A construção negativa em torno da menstruação contribui para a dificuldade em falar sobre o assunto e como agir com naturalidade. Como consequência, grande parte das meninas não têm informações básicas sobre a menarca (primeira menstruação), ciclo menstrual, cuidados e higiene adequada. Assim, criam as próprias interpretações, fantasias e medos em relação ao tema.

Mesmo quando falamos sobre o assunto, é comum trazermos no discurso uma mudança de percepção diante daquela menina-criança que menstruou, afirmando coisas como: "Agora, você é uma moça". Colocações como essa podem acarretar um peso sobre a criança com o qual ela ainda não tem maturidade para lidar.

Alguns familiares tendem a reforçar a ideia de que, a partir daquele momento, a criança deve se comportar como uma mocinha. Inclusive, há casos em que algumas brincadeiras são consideradas inapropriadas para as crianças depois da menarca, e muitas meninas são proibidas de participar de determinados eventos ou atividades porque estão menstruadas.

Esse comportamento não é saudável para o desenvolvimento emocional das crianças, tampouco ajuda a criar uma concepção positiva de algo tão natural quanto a menstruação.

É fundamental ressaltar que a criança que menstrua continua sendo criança. A menstruação não deve ser um impedimento para a menina continuar vivenciando a infância.

Importante: ensine como os meninos e as meninas devem agir quando perceberem que alguém que menstruou, está com a roupa molhada de sangue menstrual e não percebeu. Explique: "Se na escola você percebeu que uma menina menstruou e está com sua roupa molhada de sangue, não saia espalhando e mostrando para todos. De forma bem discreta, fale no ouvido dela e, se você estiver usando um casaco, tire-o e ofereça para ela amarrar na cintura para poder pedir ajuda à direção ou à professora".

Limite corporal

7

É imprescindível começar este capítulo com o entendimento de que o corpo de uma criança não é público, embora exista grande dificuldade de parte da sociedade em compreender e, principalmente, respeitar esse conceito. É comum vermos pessoas completamente estranhas ao universo da criança que se aproximam e tocam seu rosto ou beijam suas mãos sem pedir autorização a ela ou ao seu cuidador. Infelizmente, esse tipo de comportamento ainda é considerado normal e aceitável. Aliás, qualquer questionamento nesse sentido é visto como frescura dos responsáveis ou excesso de zelo.

Imagine se a mesma situação se repetisse com um adulto: uma pessoa aleatória lhe desse um beijo sem o seu consentimento. Inaceitável, né? Então, por que quando se trata de uma criança é considerado como uma atitude normal?

Limite corporal

As pessoas têm o hábito de tratar o corpo da criança como se fosse público e, dessa forma, qualquer um que queira pode apertar, beijar e fazer carinho nela. Mas não pode. A prática correta é que a pessoa sempre pergunte ao adulto que está com a criança, em especial se ela for um bebê, se tem autorização para tocá-la, beijá-la, pegá-la no colo, entre outras interações.

Se a criança for mais velha, a pessoa que deseja tocá-la ou oferecer qualquer forma de carinho pode perguntar diretamente para ela. Isso porque, quando a criança passa a ter entendimento, é ela quem deve decidir sobre o seu próprio corpo no que se refere a esse tipo de interação.

Assim, ela não deve ser forçada a abraçar ou beijar alguém caso não tenha vontade. Tampouco deve sofrer chantagens emocionais para que ceda ao pedido do adulto, como: "Se não der um beijo na titia, vou ficar triste", "Se me der um abraço, levo você no parquinho".

Por isso, antes de abraçar ou oferecer qualquer tipo de carinho a uma criança, faça a pergunta diretamente a ela: "Posso abraçar você?". Se ela responder que não, respeite o seu desejo. A criança não deve se sentir obrigada ou pressionada a oferecer ou receber carinho de ninguém. Até porque, a partir do momento que vira obrigação, deixa de ser carinho.

Nem sempre queremos dar e receber carinho — e essa vontade costuma ser respeitada entre os adultos. Mas, quando se trata de crianças, parece que há uma enorme dificuldade em aceitar isso. Por que isso acontece? Será que, no fundo, tratamos o corpo da criança como submisso às vontades do adulto? Criança pode (e deve) dizer não.

Inclusive, o conceito do limite corporal, uma das importantes estratégias de defesa contra o abuso sexual e outras violências, é aprendido no dia a dia, principalmente quando os adultos à sua volta respeitam seus corpos e sua liberdade de interação.

Assim, interprete os sinais que a criança demonstra até mesmo durante brincadeiras que consideramos inocentes.

- Se você estiver rodando a criança e ela pedir para parar, pare;
- Se fizer cócegas e ela pedir para parar, pare;
- Se você estiver cutucando a criança e ela pedir para parar, pare;
- Se a jogar para cima e ela mostrar medo, pare.

Desde que meus filhos eram pequenos, quando eu pedia um abraço a eles e ouvia "não quero, mamãe" como resposta, sempre respondia: "Tudo bem. Quando você quiser, eu quero. Você não é obrigado a abraçar ou beijar ninguém. Carinho só é carinho quando os dois querem de coração".

Inclusive, essa é uma sugestão de comportamento para você adotar. E o mesmo vale para aquelas situações nas quais parentes, familiares e amigos querem forçar o contato com a criança, sendo que muitas vezes a chantageiam. Em sua maioria, eles não têm intenção alguma de prejudicar a criança. Agem assim por falta de conhecimento. Aliás, eu também já agi dessa forma antes de pesquisar sobre este tema.

Nessas situações, oriento você a intervir respeitosamente, já ensinando sobre limite corporal a esse adulto e reforçando o aprendizado da criança. Imagine, por exemplo, que uma tia quis abraçar a sua criança, ela rejeitou e disse que não queria. Mas essa tia continuou insistindo, forçando o contato e falando: "Ahh, vou ficar triste se você não me abraçar", ou "Deixa de ser mal-educado e venha abraçar sua tia!", ou ainda "Não vou lhe dar a sobremesa gostosa que preparei hoje se você não me der um abraço!".

Em momentos como esse, você pode intervir: "Tia, nós ensinamos para ele que pode dizer não quando não estiver a fim de dar ou receber carinho. Que carinho só é carinho de verdade quando as duas pessoas querem. Tenho certeza de que você vai saber lidar com isso". Para a criança, diga: "Quando quiser dar um abraço na sua tia, ela vai amar. Ela gosta do seu carinho. Mas não tem problema se não quiser agora. Pode ser depois".

Caso o adulto em questão não leve a sério o seu comentário e continue forçando a criança com palavras e atitudes, seja mais incisivo. Pegue seu filho e estabeleça os limites para esse adulto.

O que percebo é que nós, adultos, temos dificuldade para aceitarmos o "não" e limites saudáveis que as crianças nos solicitam, além de exigirmos que elas nos atendam em prontidão. Outro ponto que merece nossa atenção é que, quando obrigamos a criança a abraçar ou a beijar alguém, podemos torná-la mais vulnerável ao abuso sexual, pois transmitimos a mensagem de que o outro tem poder sobre o corpo dela e que, se um adulto solicita o carinho, ele deve sempre ser atendido, mesmo que a criança não queira ou se sinta mal. E isso é muito perigoso.

Limite corporal

Em geral, ela rejeita carinho por quatro motivos:
1. Porque tem uma personalidade mais introvertida ou tímida, tendo mais dificuldade de interagir com algumas pessoas em determinadas situações. Isso não é um problema, é apenas uma característica da personalidade da criança. Só merece avaliação profissional se for algo excessivo e que atrapalhe o dia a dia da criança;
2. Porque não querem ser interrompidas durante uma brincadeira, enquanto estão assistindo ou fazendo alguma atividade;
3. Porque estão chateadas com alguém ou com alguma situação. Por exemplo: a família está saindo de casa para almoçar na casa da vovó. Antes de sair ou durante o trajeto, acontece uma briga entre os irmãos, os pais acolhem a ambos, mas o clima fica tenso. Quando chega à casa da vovó, a criança ainda está com raiva pelo ocorrido. A tendência de muitas delas será rejeitar o contato porque estão magoadas. Nós, adultos, às vezes até conseguimos disfarçar alguns sentimentos, mas não podemos exigir isso das crianças;
4. Porque não se sentem bem com aquela pessoa específica, não gostam do jeito que são tocadas

ou porque podem estar sendo vítimas de abuso sexual. Por exemplo: muitos familiares fazem "brincadeiras" de muito mau gosto com as crianças, o que as deixam desconfortáveis, irritadas, com raiva. Isso as leva a rejeitar o contato com aquela pessoa. Em situações de abuso sexual, precisamos estar mais atentos. Já acompanhei casos nos quais essa rejeição era a forma de a criança demonstrar que estava sendo abusada.

Por isso, a principal orientação é: nunca ignore o comportamento de uma criança. Ao desconsiderar os motivos pelos quais ela rejeita o contato e insistir no carinho forçado, na verdade, estamos — mesmo sem querer —, ensinando a criança a mentir sobre seus sentimentos e afetos, a dissimular, a não confiar nela mesma e, ainda, quebramos um dos principais conceitos de prevenção ao abuso sexual: o consentimento.

Como pais e educadores, precisamos ensinar justamente o contrário. Devemos explicar para a criança que temos um "radar dentro do nosso coração e da nossa cabeça" que nos diz quando algo pode nos fazer bem ou mal, e que muitas vezes esse "radar" nos informa que não devemos ficar tão pertinho de outra pessoa, mesmo que seja da família; que não podemos tocar no corpo do outro sem permissão, e que outras pessoas não podem nos tocar sem o nosso consentimento.

Porém, também é nosso dever ensinar às crianças a serem gentis e sociáveis, dentro da possibilidade de cada idade. Em vez de exigir esse contato tão próximo quando a criança não deseja, você pode instruí-la a responder com "Bom dia/Boa tarde/Boa noite/Tudo bem?/Obrigada" ou então com um aceno com a mão e um "Oi/Olá!", ou ainda, ao se despedir, pode ensiná-la a dizer apenas "Tchau" ou dar um aperto de mão. Enfim, são muitas as possibilidades para formar uma criança gentil, verdadeira e que saiba respeitar os sentimentos e os limites do corpo dela.

O que a criança precisa saber sobre seu próprio corpo

Com certeza, a criança que possui informações corretas está mais protegida de diversas situações, como também é mais consciente sobre como respeitar o limite corporal de outras pessoas e, assim, desenvolver relações mais saudáveis na infância, adolescência e vida adulta.

Assim, é imprescindível que, no processo de educação sexual e no relacionamento com as crianças, ensinemos conceitos importantes sobre o corpo. Para simplificar, seguem as dez verdades sobre o corpo que toda criança precisa saber:

1. Meu corpo é meu. Ele é importante e especial. Posso dizer "não" se não quiser contato com alguém ou se qualquer toque me deixar desconfortável;
2. Ninguém pode machucar meu corpo e não posso machucar o corpo de ninguém;
3. Meu corpo tem partes íntimas (pênis, vulva, peitos, mamilos, bumbum, ânus). Só as pessoas que cuidam de mim e que fazem parte da minha rede de proteção podem tocar essas partes — e apenas para limpar, passar remédio e examinar. São toques rápidos e que não precisam ficar em segredo, ou seja, todo mundo pode saber;
4. Meu corpo tem partes privadas (boca, pescoço, coxas e barriga). São partes que as pessoas podem ver, mas nas quais não podem ficar tocando. Ninguém pode beijar a minha boca;
5. Nenhum toque no meu corpo deve me deixar com medo, vergonha ou ficar em segredo;

Limite corporal

6. Não devo fazer comentários negativos ou fazer brincadeiras negativas sobre nenhuma parte do corpo de outra pessoa. (Aqui vale uma conversa sobre bullying.);
7. Se alguma parte do meu corpo me incomodar, devo falar sobre isso com meus pais ou cuidadores;
8. O corpo da menina e do menino são diferentes. Os corpos do adulto e da criança também apresentam algumas diferenças entre si. Cada corpo é único, mas todos têm sua beleza;
9. Conheço o básico sobre o funcionamento dos meus principais órgãos internos, como coração, estômago, pulmões, intestino. (É importante a criança saber para onde vai a comida, como o cocô é "fabricado" etc. Fale de acordo com a idade dela e em uma linguagem lúdica.);
10. Cada parte do meu corpo precisa de proteção e de cuidados especiais. (Aqui vale uma conversa sobre a importância de cuidar dos cabelos, dentes, unhas, partes íntimas etc.)

Como ensinar a criança a se proteger do abuso sexual

Apenas esse assunto mereceria um livro inteiro, tamanha a importância dele. É o tema que tenho dedicado muitos anos de estudo. Tudo o que detalhamos neste livro contribui diretamente para a prevenção ao abuso sexual, mas neste capítulo vou abordar mais alguns pontos fundamentais. Muitos pais, professores e profissionais acreditam que não devemos falar sobre abuso sexual com as crianças, pois elas podem ficar assustadas. No entanto, como já foi citado, quanto menos informação as crianças têm, mais desprotegidas estão. De forma tranquila e objetiva, é dever de pais e cuidadores saberem o que devem fazer para protegê-las e ensiná-las sobre autoproteção.

O que é abuso sexual?

Trata-se de todo ato erótico que adultos ou adolescentes mais velhos possam praticar contra crianças e adolescentes, para obtenção de prazer sexual próprio ou de terceiro. E ele pode acontecer de diferentes formas, conforme define a especialista Christiane Sanderson:

- Com penetração nas genitálias ou apenas com carícias;
- Com contato físico ou sem contato físico;
- De maneira forçada ou por meio da sedução;
- De forma presencial ou on-line.

Infelizmente, muitos acreditam que o abuso sexual não é algo comum. Contudo, de acordo com Anuário Brasileiro de Segurança Pública, estima-se que aconteçam 822 mil casos de estupro no Brasil por ano, sendo a maior parte contra crianças e adolescentes. Dos casos de abusos denunciados cometidos contra crianças e adolescentes, 86% dos abusadores são familiares e conhecidos da vítima, e a maioria (71,6%) acontece na casa da criança e do adolescente.

Considerando os casos que já atendi até hoje, mais de 95% das vítimas foram abusadas por pai, padrasto, tio, avô, irmão mais velho, primo, amigos da família. E, em algumas ocorrências, mulheres foram as abusadoras (mãe, avó, tia, madrinha, irmã mais velha). É importante ressaltar que na grande maioria dos casos, o abusador tem fácil acesso ao corpo infantil e é de inteira confiança dos pais e cuidadores, quando não são eles mesmos os abusadores.

Diante dessa realidade, muitos pais se perguntam: "O que devo fazer para proteger meu filho?". De acordo com vários estudos nacionais e internacionais, a ferramenta mais poderosa é a educação sexual.

É importante entendermos que a criança que aprende sobre o valor do seu corpo, além de conceitos como consentimento, limite corporal, tipos de toques, intimidade, privacidade, sentimentos, emoções e tantos outros pontos abordados pela educação sexual, estará mais protegida e terá muito mais facilidade para identificar situações abusivas e também de pedir ajuda a alguém de sua confiança. Dessa forma, a criança estará mais fortalecida e consciente.

Inclusive, a educação emocional também é uma importante aliada. A forma como nos relacionamos com nossas crianças, o modelo parental que temos, pode deixá-las ou não em maior risco de abuso. É provado que crianças que são educadas em um lar com constantes gritos, ameaças, palmadas e outras violências físicas, verbais e psicológicas correm mais risco de serem abusadas e dificilmente irão pedir ajuda aos seus pais caso estejam sofrendo abuso.

Em geral, elas temem ser punidas se contarem, tendo em vista que, como já citado, o abusador normalmente é muito próximo aos pais. Inclusive, já atendi várias vítimas que esconderam a violência sexual que sofriam por medo da violência física que poderia vir a sofrer de seus pais caso elas relatassem.

Um dos casos que mais me marcou foi de uma criança de seis anos, que estava resistente para contar aos seus pais. Quando eu perguntei o porquê, ela disse com a voz trêmula: "O meu pai e minha mãe me dão palmada por qualquer coisa que faço. Se eu contar que meu tio pega na minha 'xereca' e que eu pego no 'piu-piu' dele, eles vão me bater muito".

Nesse contexto, muitos abusadores convencem a criança de que não vale a pena contar sobre o abuso, pois os pais irão bater nela ou colocá-la de castigo. Outro argumento é que não vão acreditar nela. O que piora essa situação é o hábito que os adultos têm de sempre duvidarem de tudo o que as crianças falam ou chamá-las de mentirosas. Por isso, todos os dias ouça seu filho com atenção. Nunca menospreze o que uma criança tem a dizer.

Como acontece

De forma geral, o abuso sexual pode acontecer de duas maneiras: com contato físico e sem contato físico. No primeiro caso, os abusadores podem acariciar, beijar, tocar nos genitais, pedir ou forçar a criança a tocar nos genitais do abusador, colocar a criança no colo com intenções sexuais etc. Já na segunda situação, o abusador pode mostrar os genitais à criança, induzir a criança a mostrar as genitálias dela, falar palavras obscenas, mostrar fotos ou vídeos pornográficos, fotografar a criança em situações eróticas etc.

Inclusive, muitos abusadores, na fase de aliciamento, apresentam às crianças conteúdos pornográficos com o objetivo de tornar aquilo comum na mente dela, para depois poderem tocá-las de forma abusiva. Alguns recorrem ao discurso de que irão ensiná-las como é o corpo humano, e que vão ajudá-las a conquistar mais rapidamente um "corpo adulto".

Para proteger seu filho do abuso sexual

- Ofereça educação sexual e emocional cotidianamente e de forma intencional;
- Use recursos lúdicos para ensinar sobre autoproteção (livros, dinâmicas, músicas etc.);

- Eduque a criança sem agressão física e verbal;
- Estabeleça limites bem determinados e respeitosos;
- Valide as emoções, sentimentos e falas da criança;
- Busque conhecimento sobre como agem os abusadores, quais são os sinais e sintomas de um possível abuso;
- Supervisione o uso de telas;
- Proteja a criança da erotização o quanto puder;
- Dedique tempo para o diálogo com a criança, olhá-la nos olhos e brincar com ela;
- Priorize a conexão afetiva com a criança.

Educação sexual e relacionamentos fortalecidos são o melhor caminho para a proteção da criança. Além de conhecer os princípios da autoproteção, a criança precisa confiar completamente nos pais ou cuidadores para que ela possa contar com eles nos momentos mais difíceis e confusos de sua vida, sem medo de castigos e punições.

Assim, como afirma a especialista L. R. Knost, quando o seu filho tiver um problema, ele não vai correr *de* você. Ele vai correr *para* você. E este é um princípio-chave quando o assunto é prevenção ao abuso sexual.

Orientações práticas

No processo de educação sexual, ensine à criança algumas situações que se configuram abuso sexual, tais como:

- Alguém pedir para ver as partes íntimas dela sem necessidade alguma;
- Alguém mostrar as partes íntimas para ela (em um contexto de erotização e abuso);
- Alguém pedir para tocar nas partes íntimas dela, mesmo dizendo que é uma brincadeira;
- Alguém quiser beijar a boca da criança;
- Alguém mostrar a ela fotos ou vídeos de partes íntimas ou de pessoas nuas;
- Alguém quiser tirar fotos das partes íntimas dela;
- Alguém tocar no corpo dela e pedir segredo. (Nesse caso, explique que nenhum toque no corpo dela deve ficar em segredo);
- Alguém quiser encostar as partes íntimas nela, mesmo com roupa;
- Alguém pedir fotos ou vídeos das partes íntimas dela pela internet (WhatsApp, jogos on-line, Instagram etc);
- Alguém ficar espionando quando ela estiver tomando banho ou trocando de roupas.

Ao abordar esses conceitos com a criança, você pode ensiná-la como deve agir nessas situações. Para isso, recomendo a dinâmica "As quatro regras de proteção", disponível na página 176.

Segredo bom X Segredo ruim

O segredo é uma das ferramentas mais poderosas que abusadores e pedófilos utilizam para sustentar a violência sexual. E é exatamente por isso que, para proteger as crianças do abuso, é fundamental trabalhar essa temática com elas.

No entanto, para facilitar o entendimento dessa abordagem pela criança, não adianta apenas dizer: "Filho, não guarde segredo de mim. Sempre me conte tudo". Você precisa ensinar quais as diferenças entre um segredo bom e um segredo ruim.

Quando abordar esse tema, diga algo como: "Sempre que alguém lhe disser 'não conte para seu pai ou para sua mãe [ou ao adulto responsável pela criança]', é sinal que você deve nos contar imediatamente".

Aproveite o momento para falar à criança que você sempre vai acreditar nela — não importa o que ela conte — e que vai fazer de tudo para ajudá-la.

Toque bom X Toque ruim

É importante ressaltar que o toque, seja ele bom ou ruim, não está ligado somente às ocorrências de abuso sexual, mas também a todos os tipos de relacionamento e situações do dia a dia da criança. Por isso, desde bem pequena, quando ainda é um bebê, a criança deve saber sobre o valor do seu corpo e do corpo do outro, bem como o quanto o corpo dela é importante, especial e merecedor de receber somente toques que a façam se sentir bem.

Essa lição deve ser transmitida não apenas por palavras, mas também com ações consistentes. Ou seja, não adianta afirmar que o corpo da criança é precioso se, em seguida, você bater nela por algum motivo. A coerência é essencial. A criança precisa compreender de fato que o corpo dela é sagrado e inviolável.

Além disso, a criança também precisa aprender que não deve oferecer toques que causem dor ao corpo das outras pessoas. Você pode diferenciá-los chamando de toque do "não" ou" ruim" e toque do "sim" ou "bom". No capítulo *Educação sexual infantil na prática*, você encontra dinâmicas que podem ajudar você nesse processo de ensino dos tipos de toque e de segredos a partir da página 174.

O que fazer quando o abuso já aconteceu

Se, em algum momento, você descobrir ou suspeitar que seu filho foi vítima de abuso sexual, procure a orientação de um psicólogo para que a criança receba todo o suporte necessário.

E o mesmo vale para você: caso tenha sofrido algum tipo de abuso sexual no passado, e isso ainda causa dor e sofrimento, busque ajuda profissional para cuidar de sua criança interior e do adulto que é hoje. Traumas decorrentes do abuso podem estar travando sua vida em várias esferas e comprometendo sua saúde mental. Você merece voltar a essas questões e buscar o caminho de ressignificação.

Também é importante, e um dever previsto em lei, denunciar o abuso por meio do Disque 100, que trabalha com todos os tipos de violações de direitos humanos. Basta digitar 100 no telefone ou celular e conversar com um dos atendentes.

A denúncia é totalmente anônima, e esse canal funciona 24 horas por dia, sete dias por semana. Também é possível fazer uma denúncia no Conselho Tutelar de sua cidade, delegacias e no Ministério Público.

Mas vale ressaltar que não é preciso ter certeza de que o abuso aconteceu — apenas a suspeita já basta para que se faça a denúncia. Após a notificação, os órgãos competentes realizarão a investigação. Você não tem o papel de investigar para só então denunciar. Assim, sob suspeita de qualquer violência contra crianças e adolescentes, não se cale. Denuncie. Não denunciar o abuso é proteger o abusador.

Erotização infantil

A erotização infantil é a exposição da criança a situações e conteúdos sexualizados, inapropriados para a idade dela. Por não ser capaz de assimilar esse tipo de conteúdo, a criança erotizada acaba ficando confusa e não sabe lidar com as sensações e os pensamentos que a sexualização precoce provoca.

    Na tentativa de entender, processar e dar significado ao que vê, a criança passa a inserir esses conteúdos em suas brincadeiras e outras atividades cotidianas. Isso faz com que ela passe a imitar e a repetir o comportamento sexualizado do adulto, o que quer dizer que ela começa a deslocar sua afetividade para experiências ligadas à excitação, perdendo o foco daquilo que corresponde à infância.

    É importante destacar que, no centro do desenvolvimento da sexualidade infantil, deve estar a formação das bases da afetividade, que englobam as emoções, os sentimentos e a capacidade de experimentar essas sensações a partir das relações familiares e sociais. Isso inclui demonstrações de carinho, respeito a si mesmo e ao outro e construção da autoestima. Além disso, está ligada à nossa capacidade de querer bem e amar a si e ao outro, conforme define a psicóloga e doutora em educação Mary Neide Damico Figueiró. Vale destacar o que a especialista em sexualidade infantil Hália Pauliv de Souza diz sobre o assunto: "Afetividade é um veículo que conduz a vida, é disposição, inclinação, carinho, ternura, amizade, simpatia, afeição. É uma atitude estável em relação ao outro. É o principal vetor da vivência sexual humana".

Quando essa base afetiva da sexualidade é bem formada, estamos melhor preparados para receber outra base da sexualidade, o erótico. A noção de erotismo só deve começar a ser introduzida a partir da adolescência, quando o cérebro está mais bem desenvolvido.

Dentro desse contexto, é fundamental destacar que esse erotismo é completamente diferente de pornografia; na verdade, é o contrário. O erotismo corresponde principalmente ao desenvolvimento de um relacionamento saudável e de cunho erótico que vamos construir com outra pessoa, a partir da adolescência.

No entanto, quando a infância é atravessada pelo erotismo, seja em maior ou menor grau, os prejuízos são inevitáveis, pois o desenvolvimento das bases afetivas pode ser comprometido, causando perturbação e até angústia em muitas crianças. Dessa forma, quando o namoro é iniciado na adolescência — ou mesmo nos relacionamentos na fase adulta —, existe grande risco de enfrentar sérias dificuldades na afetividade e existir uma supervalorização do erótico, o que torna muitas relações insustentáveis e até mesmo abusivas.

Além disso, a criança erotizada tem uma tendência maior a:

- Participar de jogos sexuais com outras crianças, como imitar relações sexuais ou brincar de namorar com beijos intensos. Nesse tipo de situação, elas apresentam repertório sexual pertencente ao contexto adulto em seu dia a dia;
- Entrar na vida sexual mais cedo e, em consequência disso, ter mais chance de passar por uma gravidez precoce e/ou contrair ISTs, fora outros prejuízos;

- Formar uma visão distorcida de si, do corpo e dos relacionamentos;
- Obter prejuízos na aprendizagem e mau desempenho escolar, pois a sexualização atrapalha processos cognitivos da criança;
- Apresentar problemas no desenvolvimento de sua autoestima e de sua sexualidade;
- Ser mais consumista;
- Ter mais chance de sofrer com ansiedade e depressão;
- Entrar com mais facilidade em relacionamentos abusivos na adolescência e na fase adulta;
- Desenvolver vício em masturbação e em pornografia;
- Desenvolver transtornos alimentares, como compulsão alimentar, anorexia ou bulimia, pois muitas crianças ficam obcecadas pela aparência e busca pelo corpo perfeito, levando para a adolescência e até vida adulta;
- Ter mais risco de sofrer abuso sexual.

A erotização infantil abre uma enorme janela para abusadores. Isso acontece porque as crianças, nesse contexto, podem ter mais dificuldade em distinguir brincadeiras inocentes e demonstrações de carinho das situações de abuso, tornando-as presas mais fáceis para indivíduos mal-intencionados.

De que forma as crianças são erotizadas?

Existem várias situações que podem erotizar uma criança. Abaixo, seguem algumas delas:

- Quando incentivamos a criança a cantar ou dançar músicas com letras que apresentam conteúdo sexual, com coreografias que reproduzem o comportamento sexual;
- Quando hipervalorizamos a aparência, especialmente no caso de crianças que usam quase todos os dias maquiagem, roupas e sapatos que são típicos do universo adulto. Isso pode induzir a criança a agir de forma que não condiz com a idade dela, a se comportar de maneira sexualizada e pode ainda levá-la a entender que é apreciada e aceita principalmente devido à sua aparência física;
- Quando permitimos que a criança tenha acesso a conteúdos inapropriados à sua idade (novelas, músicas, filmes, vídeos, jogos etc.);

- Quando permitimos que ela tenha acesso à sua própria rede social ou navegue livremente na internet. Essa é a principal forma pela qual as crianças têm acesso à pornografia e a outros conteúdos sexualizados. Também é por meio do acesso à internet sem supervisão que as crianças são aliciadas por pedófilos e são, de fato, abusadas. Os abusadores mandam fotos e vídeos eróticos e pedem que a criança faça o mesmo. Isso se caracteriza como abuso sexual sem contato físico;
- Quando a criança vê e/ou ouve os pais fazendo sexo. Muitos casais fazem sexo no mesmo cômodo em que a criança está e acreditam não haver problema, por ela estar dormindo. No entanto, é impossível ter controle sobre o sono da criança, e isso significa que não há garantia de quando ela vai acordar ou não, ou se de fato está dormindo. Presenciar ou ouvir os pais fazendo sexo pode gerar traumas semelhantes ao abuso sexual, como já citado;
- Quando o casal troca carícias na frente da criança. Nesse caso, é importante destacar que carícia é diferente de carinho. Beijos tipo "selinho", abraço e dizer "eu te amo" são demonstrações de carinho.

Erotização infantil

E é positivo para o desenvolvimento emocional e da sexualidade infantil presenciar essa troca de carinho entre os pais. Carícia contempla toques, palavras e interações com teor erótico mais forte, como mãos em regiões íntimas do corpo, beijos intensos, frases como "Você é gostosa" etc.;

- Quando contamos piadas sexualizadas com as crianças por perto, achando que elas não são capazes de entender o contexto. Mas não se engane, pois as crianças são inteligentes e podem entender a ideia da piada, absorvendo conteúdos de forma distorcida e inadequada. Outro perigo das piadas sexualizadas é que a criança pode não compreender, ficar curiosa e pesquisar na internet ou perguntar para os amigos o significado do que não ficou evidente;
- Quando, mesmo que de brincadeira, incentivamos "namorinhos" entre crianças, com frases do tipo: "Cadê sua namorada?", "Quem é seu namorado na escola?", "Esse aí vai ser pegador!".

Aliás, há muitas frases que os adultos falam em tom de "brincadeira" e que são completamente inadequadas às crianças. A seguir, listo as principais delas.

Frases que as meninas nunca deveriam ouvir

- Olha o corpão desta criança!
- Nesta idade e já tem um bumbum desse?
- Já tem corpo de mocinha/mulher.
- Essa vai dar trabalho, vai ser namoradeira!
- Desse tamanho e já chama a atenção. Imagine quando crescer.
- Vai enlouquecer os homens.
- As coxas já estão definidas.
- Hummm, já pode casar!
- Essa vai ser minha nora!
- Eita, menina bonita! Preparem-se, pais, pois vai ter muito marmanjo por aqui.

Frases que os meninos nunca deveriam ouvir

- Cadê as namoradinhas? Já tem quantas?
- Com quantos anos vai namorar?
- Já beijou na boca? Beijou quantas meninas na escola?
- Esse vai ser namorador!
- Vai pegar todas!
- Vou ensinar você a como paquerar uma menina.
- Quantas menininhas gostam de você?
- Esse vai arrasar corações.
- Pisca para as meninas assim, ó!
- Eita, que já está olhando para a mulherada.
- Olha aí, que mulher gostosa!

Todas essas frases inserem a criança no contexto do adulto, e a maioria delas tem conteúdo que causa a erotização infantil. Perceba que nas frases direcionadas às meninas há um foco maior no corpo, na aparência; já nas frases dos meninos, há o conceito distorcido da virilidade, incentivando o menino a ser o famoso "pegador".

O que fica evidente nessas frases — e em outras situações do cotidiano — é que estamos educando as meninas para se preocuparem em ser objetos sexuais dos homens e criando os meninos para tratarem as mulheres como objetos sexuais. Temos de lutar contra isso.

Educação sexual infantil na prática

Como já falado anteriormente, a educação sexual precisa ser realizada no dia a dia, como qualquer outro processo de educação. Deve ser leve, divertida, intencional e ser feita com uma linguagem lúdica — ou seja, não é com conversas formais, pesadas ou sermões. Neste capítulo, reuni dinâmicas simples e potentes, que aproveitam situações cotidianas, para auxiliar você na sua jornada com sua criança.

Hora do banho
Explique à criança que o banheiro é um lugar especial, onde cuidamos da higiene, e que se cuidar faz bem para a saúde e o bem-estar. Reforce a ideia de que quem se ama cuida do próprio corpo, escova os dentes, penteia o cabelo etc. O autocuidado é um grande princípio da educação sexual e deve ser ensinado não como uma obrigação, mas sim como uma forma de se amar.

1. Dinâmica — Roupas de espuma

Durante o banho, faça "roupas" para o corpo da criança com a espuma de sabonete. Comece fazendo saia, short, blusa. Em seguida, peça à criança para fazer um biquíni/maiô/sunga. Então, pergunte: "Por que você acha que usamos essas roupas na praia? Por que não vamos pelados?". Escute a resposta da criança e, depois, complemente: "Usamos essas roupas para cobrir nossas partes íntimas (pênis, bumbum, vulva, peitos), pois elas fazem parte da nossa intimidade e nem todas as pessoas podem vê-las, não é verdade?".

2. Dinâmica — Cuidando do corpo

Para essa dinâmica, escreva em pedaços de papel o nome ou imprima os desenhos das partes do corpo humano e coloque-os dentro de uma caixa. Vá sorteando cada parte do corpo e pedindo para a criança lavá-la. Por exemplo, quando sair o pé, fale sobre a importância do pé e como lavá-lo. Quando sortear a cabeça, pergunte à criança como deve lavar os cabelos e diga: "Vamos fazer cócegas na cabeça?!".

Quando sair as partes íntimas, fale sobre como lavá-las e protegê-las. Então, fale sobre os cuidados que precisamos ter com o corpo, aproveitando o momento para falar sobre a prevenção ao abuso. Essa dinâmica torna a aprendizagem sobre cuidados corporais e segurança mais acessível e envolvente.

Ida ao pediatra

Quando levar a criança a uma consulta ou quando for fazer exames, converse com ela sobre por que o médico pode vê-la sem roupa e tocar no corpo dela. Por exemplo: "Os médicos são muito importantes para nós. Eles nos ajudam a ficarmos com o corpo bem forte e saudável. Hoje vamos na sua médica. Você vai ficar sem roupas e ela vai tocar em seu corpinho para ver se tudo está bem. Ela pode fazer isso porque faz parte da sua rede de proteção, lembra? Vou estar ao seu lado para ajudar".

De preferência, os pais ou cuidador responsável pela criança é quem deve colocar e tirar as roupas dela nas consultas médicas. O pediatra até pode fazê-lo, mas é melhor que seja os pais ou o responsável.

Compra ou troca de roupa

Aproveite o momento para explicar: "Você sabia que usamos roupas mais grossas no frio para proteger o nosso corpo da temperatura mais gelada? Existem muitas formas de proteção corporal. As roupas são uma delas. Já no calor, precisamos de roupas mais finas e leves, porque o nosso corpo precisa ficar mais fresco. Sentir muito frio ou muito calor não faz bem para nós. É muito importante conhecermos os sinais que o nosso corpo dá para cuidarmos bem dele".

Ida à praia ou à piscina

Comece com um diálogo leve: "Precisamos passar protetor solar. Nossa pele tem de ser protegida. Cada parte do nosso corpo é protegida de uma forma, e a pele é com protetor solar. E você sabe como a cabeça é protegida? Com os cabelos! Mas, às vezes, temos que usar boné, chapéu. E o nariz? Ele precisa dos pelinhos para protegê-lo de bactérias, que são bichinhos bem pequenos. Então, a cabeça é protegida com o cabelo, o nariz é protegido com os pelinhos. E as suas partes íntimas, como podem ser protegidas?". Espere a criança responder à pergunta e a partir disso traga os conceitos já explicados neste livro.

Visita a um bebê

Caso ainda não tenha explicado de onde vêm os bebês, na volta para casa, pergunte o que a criança achou da visita e, em seguida, pergunte: "Você sabe como os bebês vão parar dentro da barriga da mamãe?". Após escutar a resposta da criança, você pode complementar com as orientações da página 79.

Compra de brinquedos

Recomendo que a criança tenha tipos de bonecas e bonecos diferentes: brancos, negros, gordos, magros, cadeirantes, com cabelos diferentes. Isso contribui para trabalhar a percepção e o respeito às diferenças, estimulando a quebra do padrão estético "perfeito".

Em uma loja de brinquedos, por exemplo, mostre à criança várias opções que vão além das bonecas "da moda". Mesmo que não compre, aproveite esse momento para apresentar bonecas com diferentes cores de pele, raças, cabelos, e compare com os diversos tipos de homens e mulheres que existem na vida real, ressaltando que todas possuem seu tipo especial de beleza.

Leituras e contação de histórias

Os livros são recursos importantes que facilitam o processo de ensino dos pais e também o de aprendizagem da criança, além de despertar discussões preciosas, proporcionar ideias criativas e emoções inesquecíveis.

Toque do "sim" X Toque do "não"

A criança deve ser ensinada que não pode receber ou oferecer toques que causem dor ao próprio corpo e ao corpo de outras pessoas. Você pode chamar de toque do "não" ou "ruim" e toque do "sim" ou "bom".

Características do toque bom
- Não é forçado;
- Não dói;
- Todo mundo pode saber sobre ele (pais, cuidadores, professores, amigos);
- Faz o coração ficar feliz e animado;
- Você fica com vontade de receber mais;
- Pode ser feito na frente de todo mundo;
- Não deixa você com vergonha.

Exemplos do toque bom
- Abraço da mamãe, do papai, do amigo, da professora etc;
- Cumprimentar com a mão;
- Abraço de colegas e parentes quando você quer;

- Toques durante a higiene feitos pela rede de segurança;
- Toque do médico quando está cuidando de sua saúde.

Características do toque ruim
- Pedem para você não contar a ninguém;
- Muitas vezes é feito em lugar escondido;
- Deixa você triste e pode até causar dor ou um incômodo na barriga;
- Faz você sentir vergonha e medo de contar para alguém;
- Seu coração fica triste e você pode sentir raiva ou vontade de chorar.

Exemplos do toque ruim
- Empurrar e ser empurrado;
- Bater e apanhar;
- Ser forçado ou forçar alguém a dar e receber carinhos;
- Fazer brincadeiras que machucam (brincar de dar soco, de colocar a perna para o outro cair etc.);
- Tocar e ser tocado nas partes íntimas fora das situações necessárias.

Dinâmica — Toque "bom" e "ruim"

Imprima frases de características e exemplos de diversos toques dos tipos "bom" e "ruim". Em seguida, coloque-os em uma caixa e faça um sorteio de cada frase, perguntando à criança: "Esse é um toque 'bom' ou um toque 'ruim'?".

Você pode dar outros exemplos ou, então, pedir à criança para falar outras situações que envolvam toques. Use a criatividade na aplicação dessa dinâmica, para que esteja o mais próximo possível da rotina que a criança está inserida.

Quatro regras de proteção

Quando se trata de prevenção ao abuso, tão importante quanto proteger a criança, é ensiná-la a se proteger. Aqui estão quatro regras para você ensinar ao seu filho. Comece com o diálogo: "Sabemos que nosso corpo é muito especial e, por isso, não podemos deixar que outras pessoas toquem nele escondido e de um jeito que nos incomode. Se alguém lhe oferecer algum toque "ruim", você pode agir assim...". Então, ensine as regras abaixo:

1. **Falar não!** Explique à criança: "Ninguém pode tocar em suas partes íntimas a não ser as pessoas

que fazem parte da sua rede de segurança. Mesmo essas pessoas só podem tocar para limpar ou passar remédio, se necessário".
2. **Gritar bem alto.** Explique à criança: "Você pode gritar porque alguém vai ouvir. Não tenha medo de gritar".
3. **Sair correndo.** Explique à criança: "Você não deve ficar com uma pessoa que toca o seu corpo dessa forma. Mesmo que seja alguém da família, você não deve ficar perto. Pode correr".
4. **Contar tudo aos pais ou a quem mais confia (rede de segurança).** Explique à criança: "Eu sempre vou acreditar em você, vou proteger você. Sabe por quê? Porque você é muito especial para mim, seu corpo é muito precioso...".

Mesmo sabendo que em muitas situações o abusador não permite que a criança corra ou a oprime/seduz tanto que ela não é capaz de dizer "não", devemos passar esses ensinamentos importantes. Se pelo menos a criança entender a última regra — a mais importante —, você terá a chance de protegê-la de situações futuras, tomar providências em relação a algum abuso sofrido e acolhê-la.

Dinâmica — Quatro regras de proteção

Construa com a criança um cartaz com desenhos que representem as "Quatro regras de proteção". Outra opção é a família colar figuras que ilustrem as regras. Também vale confeccionar plaquinhas junto com a criança com imagens que representem as quatro regras de proteção. Você pode aplicar essa dinâmica só com o seu filho e também em um almoço com parentes ou em outro momento de encontro entre famílias, faça essa dinâmica com todas as crianças.

Segredo bom X Segredo ruim

Características de um segredo bom

- Segredo bom é uma surpresa boa;
- Ele dura pouco tempo e é guardado com a intenção de ser revelado em breve;
- Deixa você e todo mundo alegre;
- Toda a sua família e seus amiguinhos podem saber do segredo no momento certo;
- Pedem para você contar em algum momento especial e esse momento não demora a chegar;
- Quando lhe contam um segredo, você tem vontade de sorrir;

- Faz o coração ficar feliz e animado;
- Você fica tão feliz com ele que dá vontade de contar logo.

Exemplos de um segredo bom
- A professora vai fazer um passeio, mas não diz o nome do lugar porque é um segredo. Só vai dizer no dia de você ir para o passeio;
- Uma tia da criança vai ter um bebê, mas não deseja saber se é menino ou menina — ela prefere descobrir só no dia do nascimento. Você e a criança já sabem o sexo, mas vão guardar segredo, já que a tia quer que seja surpresa.

Características de um segredo ruim
- Ninguém pode descobrir nada sobre ele;
- Causa medo, tristeza, preocupação e pode deixar você assustado;
- Muitas vezes, faz com que tenha vontade de chorar;
- Ele deixa você com vergonha de contar para alguém. (Lembre a criança que, mesmo que sinta vergonha, ela precisa lhe contar. Reforce que sempre irá ouvi-la e acreditar nela.)

Exemplos de segredo ruim
- Alguém bate em você ou fala coisas ruins, dizendo que não pode contar para ninguém;
- Uma pessoa pede para que tire a calça ou a blusa, chama você para um lugar escondido para que ninguém os veja e também pede para que não conte a outra pessoa o que aconteceu ali.

Dinâmica — Segredo bom e ruim
Imprima as frases dos conceitos de segredo "bom" e "ruim", colocando-as em uma caixa. Faça sorteios e pergunte à criança se o segredo escolhido é "bom" ou "ruim". Incentive a criança a dar exemplos. Para tornar a dinâmica mais envolvente, realize encenações em família, podendo utilizar bonecos ou fantoches.

Outras dinâmicas para as crianças
Dinâmica — Desenhando proteção
Peça para a criança desenhar duas pessoas que ela gosta e que façam bem a ela: uma pessoa da família e outra de fora dela. Em seguida, pergunte:
- O que essa pessoa faz para que se sinta bem?
- O que você sente quando vê essa pessoa?

Dinâmica — Contornando o corpo

Peça para a criança deitar sobre uma folha de papel bem grande. Faça o contorno do corpo dela com uma caneta ou lápis — se houver outra criança na casa, peça-a para fazer esse desenho.

Em seguida, escreva em pedaços de papel o nome de várias partes do corpo que deverão ser desenhadas e coloque-os dentro de uma caixinha. Cada participante da brincadeira deve tirar um nome de cada vez e desenhar no contorno feito na folha de papel a parte do corpo que tirou (olhos, boca, nariz, orelha, mamilos, coração, umbigo, pênis, vulva, pulmão, joelhos, sobrancelha etc.).

Se a criança apresentar alguma resistência para desenhar as partes íntimas, pergunte o porquê, mas sem pressioná-la.

À medida que as partes do corpo forem sendo desenhadas, você pode ir conversando sobre a função e a importância de cada uma delas, quem pode tocá-las e de que forma. Após concluir o desenho do corpo, vocês podem confeccionar roupas para o desenho (pode utilizar cartolina, papel crepom, papel colorido etc).

Ao fim da dinâmica, é importante que a criança compreenda como funciona o corpo, quais cuidados devemos ter com ele e como protegê-lo, além de poderem expressar dúvidas e sentimentos.

Pontos que podem ser trabalhados nessa dinâmica

- Mostrar à criança a importância de cada parte do corpo;
- Quebrar a vergonha de falar sobre as partes íntimas;
- Ensinar como proteger as partes íntimas;
- Mostrar à criança o quanto todo o corpo é especial, inclusive as genitálias;
- Explicar por que as partes íntimas são protegidas com roupas especiais (calcinha, cueca);
- Ensinar conceitos de intimidade, privacidade e consentimento;
- Apontar quais pessoas podem tocar no corpo da criança e em quais circunstâncias;
- Falar sobre os cuidados e a higiene que devemos ter com cada parte do corpo, incluindo as genitálias;
- Falar sobre os cuidados e a higiene que devemos ter com as peças íntimas;
- Falar sobre o toque do "sim" ou "bom" e o toque do "não" ou "ruim".

Dinâmica — Modelando o corpo

Usando massinha de modelar ou argila, faça bonecos com a criança. Peça a ela que reproduza seu próprio corpo, o corpo da mamãe, do papai, de outros familiares etc. Se a criança não fizer as partes íntimas, sugira que as faça. Trate o tema com naturalidade. Depois de fazer as partes íntimas, confeccione calcinha e cueca de massinha para cobrir as partes íntimas. De forma leve, diga que se tratam de partes especiais e que por isso precisam ficar protegidas.

Dinâmica — Balde que ensina

É bastante comum a criança perguntar por que ela não pode namorar, ter um bebê, se casar etc. Nessas situações, pergunte porque ela deseja fazer essas coisas. Escute e acolha a resposta. Depois, coloque um pouco de água em um balde grande e peça à criança que o erga. O objetivo é que ela consiga. Em seguida, encha totalmente o balde de forma que fique pesado e peça novamente para ela erguê-lo. Agora o objetivo é ela não conseguir. Então, você deve erguer o balde.

Depois, explique à criança: "Você já tem músculos, ossos, pernas e braços, mas não consegue pegar o balde cheio porque ainda falta terminar de desenvolver seu corpo e ganhar mais força. Como sou adulto, já consigo. Você já nasceu com boca, mas só começou a falar depois de um tempo, nasceu com pernas, porém só andou com mais idade. Você tem boca, partes íntimas, tem um corpo maravilhoso, mas ainda falta terminar de se desenvolver, tanto o corpo quanto a mente. É um processo incrível que você vai continuar passando. Há coisas que só conseguimos fazer ou só podemos fazer ao nos tornarmos adolescentes ou adultos, quando o corpo e a mente já estão mais preparados".

O objetivo dessas dinâmicas é mostrar que muitos conceitos de educação sexual são ensinados de forma bem natural, porém, de forma intencional. O importante é entender os princípios da educação sexual e analisar como eles podem ser transmitidos às crianças. Esses diálogos são apenas sugestões. Pense em outros momentos do cotidiano e use a criatividade.

Conclusão

Após explorar as páginas deste livro, qual é sua visão e quais reflexões construiu sobre a sexualidade infantil e a educação sexual? Talvez aquele sentimento ou pensamento de que "errei muito na educação sexual do meu filho?!" tenha pairado em sua mente e em seu coração. Meu desejo é que você recomece. Recomeços sempre são bem-vindos. Recomece hoje com mais conhecimento, mais consciência. Será um processo potente e transformador.

Meu desejo é que essa leitura tenha despertado a confiança de que você precisava para desempenhar um papel significativo na formação da sexualidade de seu filho. O objetivo de cada palavra escrita não foi apontar erros ou causar sentimento de culpa, e sim potencializar a sua atuação na educação sexual da sua criança. Meu desejo é que em sua casa a sexualidade seja vivida de forma positiva, para que sua criança tenha um desenvolvimento saudável. Que as dúvidas que surgirem ao longo do caminho sejam percebidas como excelentes oportunidades de diálogo e aprendizagem.

Meu desejo é que seus filhos cresçam amando seus corpos e sem nenhum pensamento ou conceito negativo em relação a eles, incluindo as partes íntimas e a menstruação. Que fique cravado na alma deles quais os limites saudáveis que devem ser estabelecidos nos relacionamentos e que tipos de toque eles merecem.

Meu desejo é que jamais os seus corpos sejam violados por qualquer pessoa e que estejam protegidos de qualquer abuso. Que a erotização tão presente por todos os lados não fira a formação bela e encantadora da afetividade, base da sexualidade infantil.

Meu desejo é que você sinta que a educação sexual é um processo leve, dinâmico, divertido para você e seu filho. Entreguei o melhor que pude dentro dos limites de páginas desta obra.

Meu desejo é que, mesmo que em algum momento se sinta inseguro, você se lembre de que o mais importante é acolher a fala e os sentimentos dos seus filhos. Que se lembre que está quebrando um ciclo de ausência de educação sexual adequada em sua família. E que uma geração com oportunidade de desenvolvimento de uma sexualidade mais saudável começa em você. Isso é revolucionário!

Meu maior desejo é que você entenda a potência que é para a vida do seu filho. Você é a pessoa que ele mais ama. E ele é a pessoa que você mais ama. Já parou para pensar na potência da relação de vocês? Nada é maior do que o amor. Vivam essa grandeza!

Meu desejo é que você continue buscando conhecimento. Este livro foi um primeiro passo importantíssimo e valioso para você dar um salto na sua preparação para a educação sexual da sua criança. Mas não pare por aqui. Continue sedento para saber mais, se aprimorar e descobrir tantos outros aprendizados deste universo da educação sexual infantil. E que o seu desejo de aprender e ensinar ultrapasse as paredes do seu lar, compartilhando esses conhecimentos com todos ao seu redor. Dessa forma, podemos impactar a vida de milhares de crianças em todo o mundo. Sigamos com ciência, amor e força.

Beijos no coração.

Tenho três convites especiais:

Envie-me uma mensagem relatando como este livro ajudou você, quais dúvidas surgiram e sobre o que mais deseja saber. Quem sabe um segundo livro possa surgir por meio dessas mensagens?

Se deseja continuar o seu processo de aquisição de conhecimento e ter acesso a conteúdos mais aprofundados e não abordados aqui sobre a educação sexual do seu filho, conheça o meu curso on-line completo e exclusivo para pais e cuidadores. É só enviar uma mensagem para o e-mail contato@leilianerocha.com.br.

Se você é um profissional ou voluntário que trabalha ou deseja trabalhar com crianças e famílias e quer se capacitar para atuar com segurança e um vasto conhecimento científico e prático em Educação Sexual, Emocional e Prevenção ao Abuso Sexual (ESEPAS), conheça a minha formação completa e reconhecida pelo MEC, e tenha acesso a todo o meu método. É só mandar uma mensagem para o mesmo e-mail citado acima.

Para saber mais, me siga nas redes sociais:

📷 @leilianerochapsicologa

▶ Leiliane Rocha Psicóloga

Referências bibliográficas

Adolescentes iniciam vida sexual cada vez mais cedo. **Jornal da USP**, 2018. Disponível em: https://jornal.usp.br/atualidades/adolescentes-iniciam-vida-sexual-cada-vez-mais-cedo/. Acesso em: 16 jan. 2024.

BNCC – Base Nacional Comum Curricular. *Orientação sexual*: Parâmetros curriculares nacionais. Disponível em: http://basenacionalcomum.mec.gov.br/images/pcn/orientacao.pdf. Acesso em: 16 jan. 2024.

CHAVES, C. S.; ROUBERTE, E. S. C.; COSTA, E. C.; MOURA, A. D. A.; RODRIGUES, V. C.; DE SOUZA, A. L. S.; DANTAS, I. de A. Vulnerabilidade dos adolescentes às infecções sexualmente transmissíveis/HIV. **Brazilian Journal of Health Review**, [S. l.], v. 4, n. 2, p. 4880–4898, 2021. DOI: 10.34119/bjhrv4n2-072. Disponível em: https://ojs.brazilianjournals.com.br/ojs/index.php/BJHR/article/view/25980. Acesso em: 16 jan. 2024.

CONRAD, Sheree; MILBURN, Michael. **Inteligência sexual: O estudo revolucionário que mostra como aumentar seu "QI sexual" e obter mais satisfação no sexo**. Rio de Janeiro: Objetiva, 2002. 335p.

FIGUEIRÓ, Mary Neide Damico. *Educação sexual no dia a dia*. Londrina: Eduel, 2020.

FÓRUM BRASILEIRO DE SEGURANÇA PÚBLICA. **17º Anuário Brasileiro de Segurança Pública**. São Paulo: Fórum Brasileiro de Segurança Pública, 2023. Disponível em: https://forumseguranca.org.br/wp-content/uploads/2023/07/anuario-2023.pdf. Acesso em: 16 jan. 2024.

GERHARDT, Sue. *Por que o amor é importante*: Como o afeto molda o cérebro do bebê. 2 ed. Porto Alegre: Artmed, 2016.

KNOST, L. R. **The gentle parente: Positive, Practical, Effective Discipline**. Estados Unidos: Little Hearts Books, 2013.

MATÉ, Gabor. *Quando o corpo diz não*. 1 ed. Porto: Ideias de ler, 2022. 312p.

MATÉ, Gabor; MATÉ, Daniel. *O Mito do Normal*: Trauma, doença & cura numa cultura tóxica. 1 ed. Alfragide: Lua de papel, 2023.

MULLER, Laura. *Educação sexual em 8 lições*: como orientar da infância à adolescência: um guia para professores e pais. São Paulo: Academia do Livro, 2013.

Por hora, nascem 44 bebês de mães adolescentes no Brasil, segundo dados do SUS. **Gov.br.** Disponível em: https://www.gov.br/ebserh/pt-br/comunicacao/noticias/por-hora-nascem-44-bebes-de-maes-adolescentes-no-brasil-segundo-dados-do-sus. Acesso em: 15 jan. 2024.

RAPPAPORT, Clara Regina; FIORI, Wagner da Rocha; Herzberg, Eliana. *Psicologia do Desenvolvimento:* a infância inicial – O bebê e sua mãe. São Paulo: Editora E.P.U, 1980.

RIBEIRO, Marcos. *Educação em sexualidade*: Conteúdos, metodologia, entraves. Rio de Janeiro: Wak Editora, 2020.

RICHARDSON, Justin; SCHUSTER, Mark A. **Sobre sexo: tudo o que você teme que seus filhos perguntem, mas precisa informar.** Tradução: Saulo Krieger e Marina Mariz. 1. ed. São Paulo: Editora de Cultura, 2010. 352p.

SANDERSON, C. *Abuso sexual em crianças*: Fortalecendo pais e professores para proteger crianças contra abusos sexuais e pedofilia. São Paulo: M.Books, 2005.

SIEGEL, DANIEL J.; BRYSON, TINA PAYNE *O cérebro da criança:* 12 estratégias revolucionárias para nutrir a mente em desenvolvimento do seu filho e ajudar sua família a prosperar. 1 ed. São Paulo: nVersos 2015.

SOUZA, Hália Pauliv de. **Orientação Sexual:** Conscientização, necessidade, realidade. Curitiba: Juruá, 2010. p. 51-54.

Transformar cada escola em uma escola promotora de saúde. Guia de implementação, 2021. **Organização Mundial da Saúde.** Disponível em: https://iris.paho.org/bitstream/handle/10665.2/55812/9789275725306_por.pdf?sequence=1&isAllowed=y. Acesso em: 16 jan. 2024.

Primeira edição (fevereiro/2024) · Segunda reimpressão
Papel de miolo Lux Cream 60g
Tipografia Aleo, Afacad e Museo
Gráfica LIS